JN064690

魂の時代、新しい世界を創造する生き方

サナトクマラとの約束

山本サトシ

はじめに

僕がこの本を出版するきっかけになった、決定的な出来事があります。

それは、同窓会でした。

小学生の頃から付き合いのある、気の合う友人たちとの同窓会。とても楽しかったのですが、
ひとつだけ、気がかりなことがありました。

なにかというと、今の僕自身の活動について質問されても、説明ができないことでした。


「SNSの投稿を見ていると、お前の周りにはいつもたくさんの人がいて、みんな楽しそう」

「あの人たちの笑顔は、作った笑顔には感じられない」

「お前は一体、何をしてるんだ？」

「まさか、壺でも売っているんじゃ……？」

はじめに

当時僕は、京都・鞍馬(くらま)の地で「KURAMA HOUSE」というモデルハウスの管理人をしていました。看板を出してお店を開いているわけでもないのに、いつもたくさんの人たちに囲まれて楽しそうに過ごしている写真を見た友人たちには、僕の日常が謎だったのです。

この際はっきり書きますが、当時も今も壺は売っていませんし、何ひとつ〝怪しい〟と思われるようなことはしていません(笑)。

「じゃあ、どうしてみんな、あんなに笑顔なんだ？」

この問いに、僕はうまく答えることができませんでした。直感的に、「理解を得られない」と思ってしまったのです。

なぜなら、友人たちの問いに答えようとすると、目には見えない世界……つまり〝スピリチュアル〟な世界を語る必要があるのですが、僕世代(40〜60代)の男性には特に苦手な分野だからです。

ほとんどの場合、スピリチュアルに目覚めた多くの女性は、僕の体験をお話しするとたちまち共感し、たくさんの言葉を要せずとも理解を示してくださいます。しかし、論理的に物事を捉えがちな男性に伝えるのは難しいことも多く、また、僕自身もまだまだ未熟で、きちんと伝える術を持ちあわせていなかったのです。

こんなふうに書き出してしまうと世の男性に対して偉そうに聞こえるかもしれませんが、決してそんなつもりはなく、数年前の僕が今の僕を見ても、何が起こっているのか理解しがたいだろうと思うくらいです。それほど目には見えない世界のことは「よくわからない」と思っていましたが、何年もかけて受け入れられるようになりました。

のちほど述べていきますが、僕は根っからの〝企業戦士〟として社会で働いてきました。そして現在は縁あって、京都・鞍馬という地を中心に、今世の役割(今回の人生で宇宙と約束したミッション)を果たすために活動しています。

僕がどうしてこの本を出版しようと思ったのか。それは、友人たちに僕自身のことをきちんと説明したかったという個人的な動機もありますが、それだけではありません。僕は友人たちをはじめ、これまで**目には見えないスピリチュアルな世界**にご縁のなかった男性……特に**僕と同世代の男性**に、心からお伝えしたいことがあります。

それは、「**これからやって来る新しい時代に、あなたの力が必要です**」ということ。

「あなたの力が必要です」なんて改めて言われたら怪しく感じられそうですが、あえてお伝えするのにはもちろん理由があります。

これから本格的に、**宇宙と共同創造**をする時代になっていきます。

主に女性が中心となり宇宙のメッセージ（宇宙の意図）を受け取り、そのメッセージを受けて三次元（現実の社会）を創っていくのが、主に男性の役割になっていくのです。

僕は自身の活動を通して、「新しい時代に現実社会を創造する力を持つ男性が、もっともっと必要だ」と痛感する日々を送っています。

もう少し言及すると、**スピリチュアルに理解のある男性が圧倒的に足りない**のです。

これから、日本を含め世界ではさまざまな崩壊が起こるといわれています。それは、新しいものを創るために既存のものを壊す、という必要不可欠なプロセスです。

しかし先ほども述べたように、これからの時代は宇宙と共同創造をする時代です。目には見えないスピリチュアルな世界への理解がなければ、宇宙との共同創造はとても困難になるうえ、新しい時代についていけない人が出てくることは、残念ながら避けられないと感じています。

遅かれ早かれ、慣れ親しんだ社会システムが崩壊する時が来ます。そのとき、これまでの社会の第一線で活躍してこられた多くの男性たちは、苦しい状況を目の当たりにするかもしれません。

そうなる前に、どうしてもお伝えしたいのです。

たとえ苦しい状況になったとしても、これまでにあなたがしてきたことが決して無駄になることはなく、むしろこれからの世界に、**あなたの力が必要です**。

少なくとも僕は、この本を読んでくださり、少しでも共感してくださる男性の皆さんと一緒に、これからの日本を創っていきたいと思っています。

はじめに

スピリチュアルな世界に縁遠くても大丈夫です。僕がそうだったように、少しだけ視点を変えれば、自分を取り巻く世界は面白い世界になっていきます。

そのためのきっかけになる本になればと願ってやみません。

この本は、目には見えないスピリチュアルな世界にあまり縁がなかった男性に向けた表現を多く用いていますが、すでにスピリチュアルに理解のある女性にも読んでいただけたら嬉しいです。

というのも、旦那さんやパートナーなど、「身近にいる男性になかなか理解されない……」というお話をよく聞きますが、**男性のスピリチュアルへの目覚めには、すでに霊性が開花している女性のサポートが必要不可欠**だからです。

お読みいただければわかりますが、堅苦しいことは書いていませんので、旦那さんやパートナーとご一緒に、本書を楽しんでいただければ幸いです。

また本書では、性別を用いて物事を区別するような表現をすることがありますが、決して性別で特性や能力などを決めつける意図は一切ないことをご理解ください。

たとえば、「スピリチュアルなメッセージを受け取るのは女性が中心」ではありますが、女性に限らず男性でもスピリチュアルなメッセージを受け取る方はいらっしゃいます。

あるいは、確かに「現実創造が得意なのは男性」ですが、それは「女性にはできない」というわけではありません。

時代の流れと共に性別の捉え方、概念が大きく変化していますので、「男性は○○」「女性は○○」という表現がふさわしくない場面があることは重々承知しています。

前置きが長くなりましたが、肩の力を抜いて、お気軽に僕の半生を読んでやってください。

そして、〝ゆる天狗〟がオススメする「**たまだん**」＝「**魂の時代の男の在り方**」に共感していただけたら嬉しいです。

ちなみに「ゆる天狗」とは、今の僕を表す絶妙な形容なのですが、これについてものちほど……（笑）。

目次

第3章 サナトクマラとの約束

第1章

宇宙スケールな京都・鞍馬

かつて金星から宇宙人が舞い降りた地⁉

「**鞍馬**（くらま）」という場所をご存知でしょうか?

京都市左京区にある鞍馬山は、京都御所の真北……つまり〝鬼門〟に位置し、古くから京都一帯を守護されてきたとても重要な場所であり、「**関西随一のパワースポット**」とも呼ばれている場所です。

「鞍馬」と聞いて、「鞍馬寺」を連想される方が多いかもしれませんね。

……なんて語り出してみたものの、無知な京都出身者の僕は、恥ずかしながら鞍馬について、ご縁をいただくまでは詳しく知りませんでした（笑）。

とはいえ、深いご縁をいただきましたので、鞍馬について、僕から少し語らせていただきます。

叡山電車（通称、叡電）の鞍馬駅から、鞍馬寺の山門まで徒歩3分もかかりません。そんな山門から自然豊かな鞍馬山を登っていくと、中腹の開けた台地に鞍馬寺の本殿はあります。

鞍馬寺は770年、鑑禎上人が毘沙門天王の像を安置し草庵を結んだのがはじまりとされています。その後、藤原伊勢人によって、千手観世音菩薩の像が共に安置されました。

この中腹にある本殿は、創建当時のものではありません。長い歴史の中で六度も火災に見舞われ、昭和46年に現在の本殿が再建されました。

天台宗に所属していましたが、昭和24年に「鞍馬弘教」という新しい宗派を開いて独立し、鞍馬弘教の総本山となりました。千手観世音菩薩、毘沙門天王、そして護法魔王尊を、三身一体の「**尊天**」と称してお祀りし、尊崇しています。

僕は、無宗教の家で育ったせいか宗教観も特になく、信仰というものには縁がありませんでした。しかし鞍馬山の教えは、最初にお聞きした時から好感を持っていて、鞍馬という土地が好きになったきっかけのひとつでもあります。

ここに少しご紹介させていただきます。

鞍馬の山には、太古から営々と営まれてきた大自然の相が顕れております。二億五千万年も昔、海底から隆起した奥の院の水成岩。絶え間ない自然のサイクルの中で、遷り変わりめぐり続けている樹林の姿。そこに生々流転する昆虫や鳥などの動物たち。何千年も湧きつづけている清水。それらは、すべて偉大なる宇宙の心のありのままの姿なのです。

鞍馬山の教えでは、これを宇宙の大霊、大生命、大活動体にまします尊天のお働きの姿であると申しております。そのお働きを「氣」といっており、それは限りなく変化して、私たちの住むこの世界に顕現されます。この氣があらゆるものに活力を与えているのであり、鞍馬の山にはこの氣があふれています。そしてこれを三身一体の尊天(千手観世音菩薩、毘沙門天王、護法魔王尊)として尊崇しているのです。

(中略)

あなたも私も、あの人もこの人も、魚も鳥も、蝶も花も、すべてのものは同じように尊天に抱かれ尊天に生かされております。(中略)

尊天は万物根源の「元氣」であり、それは主に愛と光と力の三つの形をとって働きます。大地のすべての生命を潤す慈雨のような差別なき慈愛、あらゆる生命を生み育て実らせる陽光、さまざまなものに糧を与え、しかも受容してゆく大地のような力、この愛と光と力を、千手観世音菩薩、毘沙門天王、護法魔王尊として尊崇し、本殿内陣に奉安しているのです。

『鞍馬山の教えとこころ』より

鞍馬寺の
尊天信仰

千手観世音菩薩（せんじゅかんぜおんぼさつ）＝月輪の精霊（愛）
毘沙門天王（びしゃもんてんのう）＝太陽の精霊（光）
護法魔王尊（ごほうまおうそん）＝大地の霊王（力）

（「鞍馬寺」ＨＰより転載・表記方法は一部筆者により変更）

決して排他的な姿勢を持たず既存の宗派から独立され、また、「誰か」や「誰かの教え」を唯一「正しい」とするのでもなく、ただ私たちの周りに最初から与えられている自然や生命、宇宙を敬い、そして感謝をお伝えされている……。

このお寺の在り方が、僕はとても好きです。

ところで、「尊天」の中の**護法魔王尊**とは、何を、誰を指すのでしょうか。

「魔王」という名前から、「悪魔界の王」のように感じられるかもしれませんが、そうではありません。あらゆる〝魔障〟を征服し、善魔（ぜんま）に転向させる大王であり、邪道を打ち破って正義を広める破邪顕正（はじゃけんしょう）の力を授けてくださる守護神ともいわれています。

鞍馬寺には護法魔王尊の像がありますが、いわゆる「天狗」のお姿をされているのが印象的で、

撮影：著者

叡山電車「鞍馬」駅にも「大天狗」のモニュメントがあります（右ページ写真）。

鞍馬山の奥にある、僧正ヶ谷に住むと伝えられるこの大天狗を「鞍馬天狗」と呼び、鞍馬寺で修業をしていた牛若丸（のちの源義経）に、毎夜、鞍馬山で剣術を教えたと伝えられています。

護法魔王尊が天狗のお姿をされていることを鑑（かんが）みると、牛若丸に修行をつけたのは護法魔王尊だった、といえるのかもしれません。

７７０年に鞍馬寺は創建された、と先述しましたが、実はこの護法魔王尊が鞍馬の地に最初に現れたのは、それよりもっともっと昔……なんと、**６５０万年前**なんです！

六百五十万年前の出来事といいますから、人類発生に先立つこと百五十万年以上ということになります。

そのとき、天も地もすさまじい音をたて、無数の火の子がばらばらと降ってきました。中天には巨大な焔（ほむら）のかたまりが炎々と燃えさかりながら渦を巻いています。その中心から、透きとおる白熱の物体が回転しながら舞い降りてきました。さしずめＵＦＯの襲来というところでしょうが、実は、これは焔の君たちの天車です。宇宙の大霊である魔王尊が、このとき金星から地球の霊王として鞍馬山上に天下ったのでした。

『鞍馬山小史』より

また、鞍馬寺寺務所の前庭「瑞風庭」の駒札には、以下の説明が書かれています。

この庭は、六五〇万年前、人類救済の大使命を帯びた護法魔王尊が金星より「焔の君たち」を従えて、今まさに聖地鞍馬山に降臨せんとする相を、形象化したものである。

北庭の白砂盛と杉苔は、魔王尊の乗物「天車」と紺碧の天空を意味する。

南庭は、組井筒と大刈込によって鞍馬山を表現し、石組は魔王尊を表わすとともに奥の院の

撮影：著者

磐座を象徴している。

つまり要約すると、
「650万年前、護法魔王尊は焔の君たち（＝いわゆるスターシード※）と宇宙船に乗り、人類救済のために鞍馬に降り立った」
ということなのです。

※スターシード……地球以外の惑星や銀河などから転生し、地球の次元上昇（アセンション）をサポートするために地球に生まれた魂を持つ人たちのこと

そして興味深いのが、護法魔王尊は「アセンデッドマスター」と呼ばれる高次元の存在「**サナトクマラ**」と同一視されていることです。

アセンデッドマスターとは、過去に地球上に存在していた偉人や聖人の高尚な魂のことで、元々は地球上で生きた人間でした。死後、人間として再び転生せず次元上昇（アセンション）した高次元の存在で、地球上では目には見えない存在です。

人類救済のために鞍馬に降り立った「**護法魔王尊**」**は、**「**天狗さん**」**であり、**「**サナトクマラ**」**でもある**……。

とても不思議な話ですが、「金星からスターシードたちと降り立った」と聞くと、なんだかSFの世界観に似たものを感じて、僕はとてもワクワクします(笑)。

650万年なんて、途方もない数字ですので、「伝説でしょ」と言われればそれまでですが、鞍馬寺が公言しているところが僕は面白いなと思っています。

鞍馬寺は世にも珍しい、自他ともに認める**宇宙スケールのお寺**であり、関西随一のパワースポットと名高いのも納得です。

いざ、鞍馬へ

そんな鞍馬とご縁をいただいたのは、2020年6月のことでした。

以前から田舎でコミュニティをつくりたいと思いながらもなかなか踏み切れずにいたのですが、新型コロナウイルスをきっかけに、当時住んでいた大阪を出ようと決心し、移住先を探していた頃です。

ある時、支援先企業の方に「田舎に移住しようと思っているんです」と話の流れでお伝えしました。

すると、「山本さん、『KURAMA HOUSE』に住みませんか？」と言われたのです。

「KURAMA HOUSE」とは、僕の支援先企業さまが所有している、カラダにやさしい空調設備のモデルハウスでした。鞍馬寺山門の目と鼻の先にある古民家をリフォームした建物で、僕自身も仕事で月に数回、訪れていた施設。

「え、そんな場所に僕が住んでいいのか？」

と考える間もなく、あれよあれよという間に引っ越し先が決まり、「田舎に移住しよう」と決心してからわずか2週間で、鞍馬に引っ越すことになったのです。

我ながら、「すごい勢いで決まったなぁ」と思っていた直後。

知人から、「山本さんは、**猿田彦**さんですね」と、突然言われたのです。

「サルタヒコ？　誰やっけ？」と思うほど疎かった僕は、当初、言われている意味がわかりませんでした。

しかしこの一言を言われたことは、今の僕を語るうえで欠かせない出来事のひとつとなったのです。

シンクロを受け入れた瞬間……〝ゆる天狗〟爆誕！

「猿田彦」とは、日本の神話に出てくる神さまのことで、「猿田彦大神（サルタヒコノオオカミ）」といい、天狗さんのお姿をされています。

勘の良い方なら、先述した「鞍馬天狗」を結び付けられると思いますが、この頃の僕はまだピンと来ていませんでした。

猿田彦さんは、天孫降臨の際に天界から来られた神さま御一行を、地上で先導しご案内した神さまです。そのような伝説から〝道開きの神さま〟としてとても親しまれ、猿田彦大神をお祀りする神社は全国に約2000社あるとされています。

「山本さんは、猿田彦さんですね」と言われた翌日から、ある現象が起こり始めました。

Facebookに〝あの日の思い出〟として過去の投稿がリマインドされる機能がありますが、その日も数年前の投稿がリマインドされました。見てみるとそれは、8年ほど前から毎月、朔日（さくじつ）参りに通っていた神社でのお祭りの投稿で、「猿田彦」の旗を持った僕が、天狗さんの神輿を引きながらみんなを先導している写真だったのです。

ちなみに、この投稿を見るまでまったく覚えていませんでした（笑）。

またある時には、方位学の先生と知り合った知人から「（先生に指定された日に指定された方角へ行きたいので）ついて来てほしい」と言われ、目的地へ向かう道中、寄り道として連れて行かれたのが、全国に約2000社ある猿田彦神社の総本山「椿大神社（つばきおおかみやしろ）」でした。

しかもなんと、〝山本町〟にあり、神主はまさかの〝山本さん〟……。


ここからさらに、〝猿田彦攻撃〟は続きます。

顧問先の企業さまから、「琵琶湖で商品の展示会をしているので、山本さんも来てください」とお招きいただき訪ねたところ、居合わせた市役所の方から名刺を頂戴しました。

その名刺には、湖に建っている鳥居が描かれていました。なんとなく気になったので「これはどこですか？」とうかがってみると、「白髭神社です。すぐ近くですよ」と言われました。

この白髭神社もまた、猿田彦さんをお祀りしていることで有名な神社でした。

その後も、どこかへ出かける度に、車のナビに目的地を入れてもなぜか辿り着かず、迷子になっているうちに、気づけば猿田彦神社の前にいたり、出張や旅行で滞在するホテルの目と鼻の先に猿田彦神社があった、という事態が勃発しました。

あるいはその場の流れなどで予期せずご案内いただいた神社に、猿田彦さんがお祀りされていることも数えきれないほどありました。


人を介してこれらの場所に辿り着くことも多かったのですが、誰も、「山本さんを猿田彦さんのところへ連れていこう！」と意図したわけではありません。

当時はまだ、「山本さんは、猿田彦さんですね」という言葉の意味がわかっておらず、ほとんど誰にも話していなかったので、意図のしようもないのです。それなのになぜか、猿田彦さんがお祀りされているところに辿り着いてしまう……。

挙げ出したらきりがありませんのでかなり省略していますが、行くところ行くところ、猿田彦、猿田彦、猿田彦……。

はじめは、「また猿田彦さんや！」と思う程度でした。しかしあまりにも頻繁に猿田彦神社に呼ばれまくるので、鈍感な僕もさすがに「え？ 何が起こってるん？」と気になり始めました。

これがいわゆる、「**シンクロ**」。偶然に見える一致です（シンクロについては１６８ページへ）。

「どういうこと？」「なんでやねん？」と思いながらようやく、「山本さんは、猿田彦さんですね」という言葉を思い出し、その意味を理解しました。

その意味とは至極シンプルに、「**僕は猿田彦さん**」だったのです（笑）。

神道では「人は神さまの〝分霊（わけみたま・ぶんれい）〟をいただいて地球に生まれる」とされています。「分霊をいただく」とは、言い換えるとエネルギー体をいただくということです。つまり、その神さまと同じ役割や似た性質を与えられ、またその神さまからの応援をいただけるということ。

一人ひとりにご縁のある神さまはいますが、僕の場合は猿田彦さんでした。

僕が猿田彦さんということは、僕は天狗さんでもあり、天狗さんということはサナトクマラとも関係が……？　もしかするとご縁が深いのかも??

ちなみに、「もうええって！　僕は猿田彦さんなんですね！　わかりました！」と観念したところ……猿田彦神社に呼ばれまくることが、ピタリとなくなりました。

鈍感でなかなか気づかない僕のために、「僕は猿田彦さんなんだ」と理解するまで、「これでもか！　まだわからんか！」としつこくメッセージを送ってくださっていたのです。

そしておもしろいことに、「僕は猿田彦さんなんだ」と受け入れたとたん、外見まで変わったのでしょうか。KURAMA HOUSEに初めて訪れる人や、知人の知り合いとして紹介された人から、初対面なのに爆笑されながら、「山本さん、天狗さんなんですね！」「もう天狗そのものやん！」と、言われることが続きました。

僕が鞍馬に移住した前後のことを要約すると、支援先企業さまからご縁をいただき、鞍馬に移住することになった。そしてなぜか、猿田彦と名の付く神社や、猿田彦さんが祀られている神社、ご縁のある場所に呼ばれまくった、という感じでしょうか。

自分が猿田彦さんなんだと認めてからも、度々、猿田彦神社にお参りする機会をいただいたり、鞍馬寺のように天狗さんがお祀りされているお寺にもご縁をいただくようになりました。

聞く人によってはどこが重要なのかわからない出来事かもしれません。しかし、このいたってシンプルな鞍馬への移住、そして猿田彦さんに縁のある場所に呼ばれまくったことが、僕の「**宇宙ミッション**」の幕開けに過ぎなかったとは、このときの僕は知る由もなかったのです。

「僕は猿田彦さん。つまり、天狗さんなんだ」

そう認めた瞬間。それが、スピリチュアルを受け入れ、ゆるく、でも真剣に今世のお役目を生きる、〝**ゆる天狗**〟爆誕の瞬間でした。

第２章

企業戦士の道中で目覚めた「意識」の世界

虚弱体質に生まれて

「はじめに」で、僕は〝企業戦士〟だったと書きましたが、〝戦士〟として在籍していた企業名には「京セラ」「ＫＤＤＩ」「銀座まるかん」と並びます。企業名だけでなく、その経営者のお名前もよく知られていますよね。

「京セラ」と「ＫＤＤＩ」では故・稲盛和夫氏から、そして「銀座まるかん」では斎藤一人氏から、経営哲学やさまざまなことを教わりました。おふたりのもとで働けたことは、僕にとって間違いなく、かけがえのない財産です。

※以下、恐縮ですが最大限の敬意と親しみを込めて「稲盛さん」「一人さん」と表記させていただきます

しかし、おふたりのもとに辿り着くまでは、決して平たんな道のりではありませんでした。

遡ること、幼少期。

僕は生まれつき虚弱体質で、当時ではまだ珍しかった喘息、そしてアトピー性皮膚炎などのアレルギーを患っていました。

のちに知ったことですが、僕を産んだときの母は「妊娠中毒症」で（２００４年に「妊娠高血圧症候群」と名称が変更）、僕は初乳を含め、母乳を一滴も与えてもらえなかったそうです。そのため、さまざまな物質に対する抗体ができなかったのも、原因のひとつなのでしょう。小学５～６年生の頃は、一年の半分程度しか登校できませんでした。何度か父に背負われて、夜中に病院へ運ばれたこともありました。

このような体質だったために、健康や自分が過ごす生活環境には、幼少期から人一倍関心が高かったのです。また、生活環境が健康に多大な影響を与えることを、この頃から体感で知っていたように思います。

たとえば、小学生の頃に住んでいた家は雨漏りがあって湿気が多く、カビが生えやすかったせいか、毎日喘息が出て苦しかったのですが、中学進学と同時に引っ越した新しい家では喘息がピタリとなくなりました。

「空気の良いところへ引っ越そう」と、街中から転校してきた同じ喘息の同級生もいたくらい、両親が僕のことを考えて選んだ引っ越し先の地域と家は、本当に環境の良い場所だったのだと思います。

他にも両親は僕に、ありとあらゆる治療を受けさせてくれました。治療だけにとどまらず、母は僕を連れて東洋医学を学びに行ってくれたこともあります。

こう書いてしまうと病弱で気弱な印象を与えてしまうかもしれませんが、僕自身はどこにでもいる、ひょうきんで陽気な少年でした。

病気がちではありましたが、学校生活はとても平和で楽しいもので、今思えばとても恵まれていました。家族に申し訳なく思う気持ちは幼いながらにありましたが、だからこそ明るく過ごそうと努めていたのです。

そんな僕の生活が一変したのは、大学生のときでした。

死の淵をさまよった20代

アトピーのために処方され塗布していた薬の副作用で、約3年間の寝たきり生活が突然やって来たのは、大学3年生の時でした。

副作用の原因は、処方の際の説明不足による使用の誤りでした。顔や体中が腫れ上がり血だらけで、痛くて動けない。内臓のほとんどが弱り、症状には波があって、稀（まれ）に自力で動けても、体力的にも精神的にも外見的にも、とても外に出られるような状態ではなく、ほとんど布団から出ることさえできない寝たきり生活を、3年間も余儀なくされたのです。

その頃、僕と同じ薬を常用したことで身体に支障をきたしたり障がいが残ってしまったり、あるいは命を落としたという方のニュースを何度も見聞きしました。

本来ならば、エネルギー有り余る年頃です。

「楽しい社会生活を送りたい」と未来に希望を持っていたはずなのに、学校に行くこともできない。

就職して仕事に行くこともできない。何をすれば治るという保障もなければ、何年耐えれば治るという保障もない。

何もできない。

「明日にはもう、生きていないかもしれない」という絶望を常に感じながら、〝社会的弱者〟として過ごすツラい3年間でした。

しかし、やっていないことはないくらい、何から何まで自ら学びに行き僕を労わってくれた母をはじめ、協力してくれた家族が僕にはいました。それに、当時ではあまりなかった統合医療病院で治療を受けることもできました。また、自然の中に身を置いて心身の健康を回復するという、いわゆる〝リトリート〟の先駆けのような体験もしました。

「今この瞬間を生きていられるのは、助けてくれる誰かのおかげだ」という、深い感謝を知ったのは、まさにこの頃でした。

まったく別物に見える、絶望と感謝。

この狭間で、僕は20代の前半を過ごしたのです。

社会復帰への想いと運命の出会い

20代半ばになってあらゆる療法を受け、体が少し動くようになった頃のこと。

「温泉の湯が、もしかしたら治癒にはいいのではないか？」

いろいろな療法の結果、そんな想いが湧いてきたことから、僕は自ら小さなトラックで自宅に温泉を運び、「湯治」を試みるようになりました。

すると次第に、同じ症状に苦しむ方やそのご家族から、「ウチにも運んでもらえないか」と温泉の宅配を頼まれるようになり、僕自身も湯治を試みながら温泉宅配業で生計を立てるようになったのです。

その中で、さまざまなお話を自然とうかがうことになりました。特に、薬害に遭われた方のお母さんたちの姿や言葉は、今でもこの胸に刺さっています。

「子どものために良かれと思って使った薬のせいで、子どもを壊してしまった」

「子どもを失明させてしまった」

「(未来に絶望し)子どもが自ら命を落としてしまった」

涙ながらに語られるお母さんも、たくさんいらっしゃいました。


正しい知識や情報がなかったために、結果的に誤った治療になってしまったことを目の当たりにされてきたお母さんたち。同じように薬害による体験をした僕にも、憤りややるせなさなど、あらゆる感情が沸き起こりました。

自身の体験を活かそうと、当時所属していた1000人規模のアトピーに関する薬害情報センターの患者代表として、「この薬の正しいマニュアルを作成してほしい」と政府に掛け合ったこともあります。インフォームド・コンセントの重要性を訴えたかったからです。しかし、どれだけ掛け合っても正しい情報の開示はなされず、門前払いは当たり前でした。

アトピーの薬の使い方を問題視する声は、メディアで取り沙汰されたこともあります。しかし、いつしか問題は一転し、「薬の使い方は間違っていなかった」という主張に変わっていました。

被害に遭われた方がこんなにもたくさんいるのに、何の説明も解決も示されないまま、メディアで取り上げられることも次第になくなり、世間から忘れられていく……。

僕はこの頃、良い意味でも悪い意味でも、世の中の仕組みを垣間見たような気がします。

「同じ被害に遭われた人たちのためにも、負けてはいけない」

そんな想いが強くなるばかりでした。

「動けるようになった自分がもっともっと元気になろう」

「この人たちのためにも、早く社会復帰しよう」

「自分にできることは何だろう？」

そう自問自答し、繰り返し起こる症状と闘いながら、自分を奮い立たせる日々を過ごしていました。

そうして過ごしていくうちに、まともな社会経験がほとんどないまま、気づけば20代も後半に。

働き方というのは今でこそ多様になっていますが、当時は「男で社会経験がほとんどない」というのは、どう考えても不利でしかありませんでした。もちろん僕自身、「出遅れている……」という気持ちがなかったと言えばウソになります。

しかし正直なところ、おそらく多くの男性が追い求めてきたであろう、「社会的な成功」という言葉で形容されるものには、僕はあまり興味がありませんでした。地位にも、名誉にも、競争にも。

それよりも、「健康や環境という分野で何かしら貢献したい」という強い想いだけがあったのです。

その想いを大切にして過ごすようになると、「今の僕にとって必要なのでは？」というような情報が次々と目にとまるようになりました。

1996年のある日。日本の経済界に大きな影響を与えた稲盛さん率いる京セラが、住宅用の太陽光発電事業を立ち上げられたことを知りました。

「太陽光という自然エネルギーを利用することで、原発を減らすことができる」

そうお話しされている稲盛さんの姿を拝見し、深い感銘を受けたのを今でもよく覚えています。

自力で日常生活を送れるようになってきたことから、「そろそろ就職しよう」と思っていたその時、新聞広告を通して運命の出会いが訪れました。

なんと、感銘を受けた京セラ「太陽光発電事業」の、採用募集が飛び込んできたのです。

念願の社会人デビューは、大企業の第一号営業マン

まったく運が良かったとしか言いようがないのですが、まともな社会経験がほとんどない僕が京セラに中途採用されたのは、僕が28歳、1997年のことでした。

日本で初めて「住宅用太陽光発電」を開発し、「これからハウスメーカーや工務店に広めてい

こう！」というまさに事業立ち上げの時。

僕は新築住宅向け太陽光発電営業販売の〝第一号営業マン〟として採用されました。第一号ですから、オール飛び込み営業です。

しかも、全国に広める新規開拓営業を、たったふたりで担当。採用当初は九州から名古屋までを担当し、のちに東京へ転勤になってからは名古屋から北海道までを担当しました。

さらりと書いてはいますが、たったひとりで数千社の企業を担当していたことになります。容易に想像できると思いますが、毎日「山本さんはいらっしゃいますか？」と鬼のように電話が鳴り、とにかく対応しなければならない案件の数が多すぎて処理しきれない……。今考えてみても恐ろしい世界で、「もう一度やれ」と言われても絶対にできない自信があります（笑）。

28歳という遅い社会人デビュー。加えて身体が弱いという劣等感から、「周囲と比較して自分はダメだ」というマインドが少なからずあり、病床から這い上がったとはいえツラいときもありました。

特に同世代の男性には共感いただけると思いますが、当時は叩き上げの時代ですから、本当にいろいろな意味で厳しかったのです。目標達成への執着たるや、想像を絶するものでした。

病み上がりで「やっと就職できた……！」と思いきや、太陽光発電というまだほとんど誰にも知られていないモノを、入社した翌月には「○千万円を売り上げろ！」と言われる世界だったのですから。

それでも、「この環境できっと学ぶことがある」「成長するためにここにいるはずだ」という想いだけは不思議と持ち続けていたので、途中で投げ出さずにこれたのです。

カラーで見えれば、それは現実になる！

稲盛さんからの教えの中で、僕が好きなもののひとつが、「**熱意×能力×考え方＝人生、仕事の結果**」です。

熱意と能力は０点から１００点まであります。

「能力を鼻にかけ努力を怠った人よりは、自分には普通の能力しかないと思って誰よりも努力した人の方が、はるかにすばらしい結果を残すことができます」

と稲盛さんはおっしゃっておられます。

能力があっても熱意が０点なら、結果は０点になってしまいます。

さらに、ここに考え方がかかります。

「考え方とは生きる姿勢でありマイナス１００点からプラス１００点まであります。考え方次第で人生や仕事の結果は１８０度変わってくるのです」

熱意と能力がたとえ１００点でも、生きる姿勢がマイナスであれば、結果は０点以下、マイナスになってしまうのです。

「僕は、人より遅い社会人デビュー。加えて病弱。だから能力は人より劣っている。でも、**熱意と考え方**次第で、結果を変えることはできる」

稲盛さんのこの教えのおかげで、持っている能力以上の結果が出せる自分に成長しようと、日々の業務に励むことができました。

最初の一年ほどは結果が出ませんでしたが、だんだんと結果が伴うようになり、**「考え方」**や**「意識」**というものが、人生に大きな影響を及ぼすことを少しずつ学んでいきました。

そんな中、僕の人生を大きく変えるようなこんな言葉に触れたのです。

「潜在意識に透徹するほどの強く持続した願望を持つこと」

潜在意識については、稲盛さんの語られてきた大切なことのひとつで、今でもこの言葉は僕の中に息づいています（潜在意識については第3章で詳しくお話しします）。

京セラは、稲盛さんが一代で築かれた成長企業であり、かつ新規事業だったため、営業としては本当に厳しい職場でした。それでも僕は太陽光発電を知ったときの感動と、日常生活をある程度取り戻し、人並みならぬ想いがあったおかげか、「太陽光発電」が日本中の家の屋根に設置されていく強いイメージを、自然と持つことができました。

今でこそ太陽光発電は多くの住宅の屋根に設置されていますが、当時はほぼ設置のない状況です。それにもかかわらず、僕の目には住宅の屋根の太陽光発電ばかりが目に入ってきていました。

これは妄想でもなんでもなく、「網様体賦活系」と呼ばれる脳の仕組みで、意識しているものばかりが目に入るゆえに、太陽光に関連するものが目についていたということなのです。

そのためどこに行っても、「あの屋根にもこの屋根にも太陽光発電があるなぁ……。もしかして太陽光発電は、増えてるんちゃう⁉」と、当時の僕には太陽光発電事業の追

い風であるかのように見えたので、太陽光発電が普及していくイメージが僕の中でどんどんで
き上がっていきました。
加えて幸運なことに、僕は営業という仕事が好きでした。体力的にもノルマ的にも、いろいろ
な意味で厳しい仕事ではありましたが、煎じ詰めれば太陽光発電の素晴らしさを人にお伝えす
るのが楽しかったのです。

稲盛さんは常々、
「カラーで見えるようになるまで想い続けたら、それは叶う」
とおっしゃっていました。
この言葉の意味を当時の僕がしっかりと理解していたとは言えませんが、太陽光発電が普及
していくイメージをカラーの絵として自然と持てたことはラッキーだったと思います。
こうして潜在意識に透徹するまでイメージをしたうえでやるべきことに取り組んでいると、
奇跡のような出来事が度々起こるようになりました。

当時は「太陽光発電」と言ってもほとんど誰も知らない製品でした。
「何年で元が取れますか?」という質問に、「80年です……」と答えなければならないような高額な製品だったのです。

お客さま　「80年だと、私はもう生きていませんよね……?」
僕　「そうですね、おそらく……」
お客さま　「家のほうが先に壊れますよね……?」
僕　「そうですね、太陽光発電が耐用年数50年以上に対して、住宅の耐用年数が約30年なので、おそらく……」

今となっては笑い話ですが、こんな会話をお客さまにしなければならないほど、正直、現実的な商品ではありませんでした。
それでも、「これからの環境のためになるなら、一緒に取り組んでいきましょう!」と共感してくださる方が現れて、次第に売り上げに繋がっていったのです。

おかげさまで、京セラの営業時代に一年で年間売上を17倍にし、十数億にしたこともありました。

同僚たちから、「どうしてそんなに営業成績が良いのか」と聞かれ、「営業の神さまがついてんねん！」と冗談で答えていたことがありますが、今思えば、本当に営業の神さまが応援してくださっていたのではないかと思います。

のちほど触れますが、僕は京セラを退職したあとも、数年を経て再び稲盛さんのお膝元であるＫＤＤＩで働くことになりました。

そこでも気が遠くなるような毎月の目標を前に、「今月どうすんねん……」と、何度も営業のピンチに立たされました。ＫＤＤＩでもオール飛び込み営業でしたので、門前払いをされることは当たり前でしたが、それでも京セラ時代と同じように、「考え方」や「意識」を大切にしながら取り組みました。

すると、門前払いをされた企業から、「他社の製品を使っていたが壊れて不都合が出て……来てもらえませんか？」とご連絡をいただき、結果、大量受注に繋がったこともあります。このように、奇跡としか言いようがない出来事が幾度となく起こったのです。

まさに稲盛さんがおっしゃっていた潜在意識に透徹させることの重要性を、僕は営業という仕事を通して学んだように思います。

書店にある経営学や自己啓発のコーナーには、今でもたくさんの稲盛さんの本が並んでいます。〝稲盛哲学〟に触れたことのある方もたくさんいらっしゃると思いますが、その教えの数々は本当に素晴らしいものばかりです。

企業人としてのほとんどを稲盛哲学のもとで過ごしたことは、今思えば幸運以外の何ものでもありません。僕のような人間には、決して簡単な教えばかりではありませんでしたが……。

余談ですが、京セラとのご縁は闘病中に知った太陽光事業がきっかけで、採用試験を受け入社したと先述しましたが、実は、もっと前からこのご縁の布石がありました。

10代の頃、ニュースでソーラーカーを観て、少年らしく「かっこいい！」と憧れました。それは、スポーツカーの外見的なデザインに憧れるというよりは、「ガソリンがなくても、太陽の光だけで走れるなんて！」という驚きに近く、当時の僕には魅力的に映ったのです。

京セラに入社して数日が経った頃、社内研修で訪れた工場で、展示してあるソーラーカーを目にしました。10代の頃に見たソーラーカーと同じものだったかは今となっては定かではありませんが、僕は「これだ！」と思い出し、10代に戻ったかのように興奮したのを覚えています。

稲盛さんが住宅用の太陽光発電事業を立ち上げることを知ったときに受けた感銘は、実は少年時代から僕の中に息づいていたものだったと気づいたのです。


その時には些細なことに見えても、あとからとても重要な意味を持っていることがわかることはたくさんあります。

きっと、鈍感な僕に対して、小学生の当時から稲盛さんのもとで学ぶんだよ、と神さまが教えてくれていたのでしょうね。

一人さんから教わった「四方良し」

「健康や環境という分野で何かしら貢献したい」という想いで社会復帰し、京セラの太陽光発電事業で住環境、エネルギー事業に携わることができた僕は、京セラに勤めていた約10年の間に、「体の健康の分野でも仕事をしてみたい」と思うようになりました。

そんなときにご縁をいただいたのが、斎藤一人さんが創業された「銀座まるかん」でした。

稲盛さん同様、日本の経済界に大きな影響を与えている一人さんは、1993年以来、全国高額納税者番付（総合）で毎年10位以内に連続ランクインした唯一の人物で、2003年には累計納税額で日本一を獲得されました。

土地売却や株式公開などによる高額納税者が多い中、一人さんの納税額はすべて事業所得によるもので、まさに唯一無二の実業家。銀座まるかんの商品は、正規販売代理店で取り扱われており、全国を県単位に分けて担当・販売されています。

漢方薬局からはじまった銀座まるかんの商品を愛用していた僕は、当時、銀座まるかんの販売代理店をされていた企業とご縁をいただき、勤務することになりました。

こうして一人さんのもとでさまざまなことを学ばせていただきましたが、今でも僕が意識している大切なことがあります。

それが、「**四方良し**」という教えです。

この「四方良し」を理解するうえで、まず「**三方良し**」という教えを理解する必要があります。

「三方良し」とは、作り手（メーカー）・売り手（代理店など）・買い手（お客さま、エンドユーザー）の三方すべてが「良し」であるようにすることです。

僕は京セラ、銀座まるかん、ＫＤＤＩ、そして独立し現在に至るまで、本当に多くの経営者にお会いしてきました。その中で、この「三方良し」を実践され成功されている経営者にもたくさん出会いましたが、一方で、「三方良し」が欠落している会社ほど、うまくいかなくなることも痛感しています。

たとえば、メーカーが「うちは良い商品を作ったのだから、代理店に〝売らせてやっている〟」という上から目線のマインドで、売り手である代理店に在庫を大量に持たせたり、高額なロイヤリティ（販売権利金）を強いたり、代理店が販売しやすくなるためのサポートもせず、あるいはお客さまへのアフターサービスも代理店にすべて任せるなど、負担を背負わせることが昔はよくありました。

代理店は、最初のうちは付き合いもあるので無理をしてメーカーの要求に応じますが、こんな付き合いは長くは続きません。単純に代理店の経営がうまくいかなくなることもあるでしょうが、それ以上に問題なのは、代理店離れです。メーカーと代理店は企業同士とはいえ、人と人との付き合いです。メーカーの態度は代理店に伝わりますので、「このメーカーとの取引は難しい」と思われ、本来ならば素晴らしい商品を広めてくれる仲間であるはずの代理店が、どんどん離れてしまいます。

するとどうなるでしょうか。メーカーだけでは販促が難しいので、代理店離れによって回り回って自分で自分の首を絞めることになります。本来その商品を使うはずだったお客さまの手に渡ることもない……という事態になってしまうのです。

また逆に、「他社メーカーが頻繁に提案しに来ている。（販売を続行してやるから）おたくも誠意を見せてよ」と、非常識な値引き交渉などの無理難題を押し付けて、いつもふんぞり返っている代理店を見たこともあります。あなたがメーカー営業だとしたら、この代理店に販売してもらいたいと思いますか？

ここでも人と人との付き合いであることに変わりはありません。「この代理店との取引はできない」と思われてしまえば、結果的により良い商材やサービスの販売をすることができず、自社の発展を妨げることになります。

作り手・売り手・買い手。

どの立場であっても、自分のことだけを考えて行動すると、結果的に誰も幸せにならないのです。

つまり、作り手は売り手の経営も考慮ができて、気持ち良く販売してもらえる環境を作る視点を持つこと。売り手も作り手に喜んで協力してもらえるような視点で販売活動をすること。そして買い手が商品やサービスに価格以上の価値を感じていただくサービスを提供することで三者ともが喜び、幸せの循環を生み、結果的にお金も回るのです。

僕は今日まで、さまざまな企業、たくさんの経営者に会ってきました。三方良しはとても有名な教えであり、意識されている経営者は多いと思いますが、それでも銀座まるかん以上に三方良しができている組織はきっとないだろうと、僕は確信を持っています。

三方良しだけでも相当に素晴らしいことですが、これに「**天（神さま、宇宙）**」を加えたのが「四方良し」です。

天は、生きとし生けるものすべてが幸せになることを望んでいます。

だから、作り手・売り手・買い手、みんなが喜ぶことであれば、天は応援してくれる。

この「天から見ても良しであればうまくいく」という一人さんの教えが僕はとても好きです。

この教えに共感しながらも、長い年月をかけて多くの事象を見聞きするうちに、ここ数年で特に理解できるようになった気がしています。

一人さんの商品開発は、大きな製薬会社のように長年の研究によって材料や配合を導き出す……というわけではありません。「(配合が)天から降りてくる」とご本人がおっしゃっておられます。

これはいわゆる直感、インスピレーションです。

人によっては「論理的な裏付けがない」と思われるでしょう。しかし、腰が曲がって痛そうに歩いていたおばあさんが、こうして作られた商品を飲んでみるみる元気になり、背筋をまっすぐにして歩けるようになる姿を、僕はこの目で何人も見ています。

何より、銀座まるかんの商品が多くの人々に喜ばれていることは、全国高額納税者番付で、事業所得のみで毎年10位以内に連続ランクインされていたことが、何よりの証拠です。

常日頃、誰かを幸せにしよう、喜ばせようと、誰よりも楽しそうに過ごしている一人さんの姿を会社で何度もお見かけしましたが、天が喜んで応援しているとしか、僕には思えなかったのです。

だから、すべてのことがうまくいっているのでしょう。

一人さんご本人の在り方が、まさに「四方良し」そのものです。

京セラ時代、僕は「営業の神さまが付いてんねん」と冗談で答えていましたが、もしかしたら僕も「四方良し」ができていたときに、神さまが助けてくださっていたのかもしれません。

一人さんのように、自分も、周りにいる誰かも、そして天にも、喜んでもらえる生き方をしたい！

「四方良し」の教えには、本当に大きな影響を受けました。

再び余談ですが……実は一人さんとも、ご縁の布石があったのです。

僕が寝たきり生活をしていたときのこと。おそらく24歳くらいだったと思います。

「ニュースで、長者番付で一番になった人を紹介してたんやけど、その人は小さい頃から体が弱かったらしい。でも今は大成功してる。あんたも同じように体が弱いけど、きっと希望はあるから」

一言一句完璧には覚えていませんが、ある時、母からこんな言葉をかけられたのです。

母と年頃の息子というのは、そっけない会話が多いもので、母には申し訳ないのですが、母との会話は覚えていないことがほとんどです（苦笑）。それでもこの時の母の言葉は、なぜだかとてもよく覚えていました。

それから数年後。

京セラに勤めていたある日、喘息の症状が悪化したことで数週間入院したことがありました。その時、病院の本棚で一人さんの『変な人の書いた成功法則』（総合法令出版）を、偶然手に取ったのです。タイトルが気になってなんとなく読んでみることに。

すると、読み進める途中で、「あっ……この人、おかんが言ってた人や！」と気づいたのです。

その本は、世間で言われている〝常識〟とはかけ離れた視点で書かれていることに衝撃を受け、「こういう考え方を持つ人は、一体どういう生き方をしてきた人なんやろう？」と興味を持ちました。

まさか数年後、一人さんのもとで働けることになるとは、誰が想像したでしょうか。

初めて一人さんの本を手に取った日から何十年と経ちましたが、人に勧めて譲ったり、ボロボロになるたびに買い替えたりしながら、『変な人の書いた成功法則』は、今でも僕の手元にあります。

再び稲盛さんのもとへ

「健康や自然、環境に良いことにもっと取り組みたい」

この想いが強くなるにつれ、僕はいつしか起業を意識し始めました。そうして起業準備のため会社員を辞め、派遣社員として働くことにしたのです。ずっと営業職でしたし、変わらず営業の仕事が好きだったので、引き続き営業の仕事を探しました。

そんな中、「法人営業」の文字に目が留まりました。それまでは意識していませんでしたが、「法人営業なら、いろいろな業種の企業や経営者に出会えて面白そう！」と思い、法人営業の職に絞ったところ、ＫＤＤＩでの仕事が見つかったのです。

ＫＤＤＩといえば、言わずと知れた日本の大手電気通信事業者であり、その創業者は稲盛さんです。

「稲盛さんの教えは、京セラとKDDIというふたつの会社でどのように浸透しているんだろう?」と興味が湧きました。

そして実際、何の因果か(笑)、ソリューション事業の法人営業マンとして、再び稲盛さんのもとで働くことになりました。

最初は派遣社員だったのですが、ある時KDDIの幹部社員の前でプレゼンをする機会をいただきました。その際の提案が採用され新しい部署がつくられることになり、これがきっかけでトップハンティングにて管理者に登用されて、全国各地のさまざまな部署で管理業務などに携わることになったのです。

ここでも、のちの僕にとって非常に重要な経験が待っていました。

それは、ある部署での管理職でした。

その部署の大きな特徴は、**9割が女性**だったことです。僕のこれまでの営業経験では、どこに配属されても圧倒的に男性が多かったのですが、そこは営業職も女性ばかりという初めての環境でした。女性ばかりの部下を持つのも初めてで不慣れなこともありましたが、それ以上に、なかなか個性的なメンバーが集まった部署で……。

「山本、お前が適任だと思う!」となぜか白羽の矢が立ち、配属された部署でした。

稲盛さんの経営哲学には、「大家族主義で経営する」「仲間のために尽くす」があります。

自分ひとりでフィールドプレーヤーとして働く営業と、管理職の仕事はまったく異なりますから、部署をまとめていく人間として、「どうしたらこの部署が良くなるか?」に注力しようと決めた時、稲盛さんのこれらの教えをとても意識しました。

とはいえ、初めての女性ばかりの職場。男性同士であれば起こらないような、女性同士特有の衝突といいますか……見えるところでも見えないところでも(笑)、いろいろなことが起こりました。

その度に、「やっぱり男性と女性は違うんやなぁ」と思うことも多々ありましたし、残念ながら力不足で、男性の僕ではキャッチアップしきれないことも、当時たくさんあったと思います。

僕ができることは、なるべく公平であるように努め、たとえ自分のお客さまのことでなくても、困ったことがあれば部署として最大限良い結果が出るような部署にすることでした。極力、全体のために時間をつくり、関わる人全員で知恵を出し合い、協力し合える環境にすることを最優先にしました。

僕なりに、大家族主義で考え仲間のために尽くそうと、慣れない女性ばかりの職場で奮闘していたわけですが、こうして意識しながら仕事をしていると、自ずと部署全体を観察することになります。

そのため僕は、たとえ営業という同じ仕事をしていても、「男性と女性ではその意思決定に明確な違いがある」ことに気づいたのです。

それは、**女性は「なんとなく」という論理的根拠のない感覚を使っている**ことでした。

「今日のA社への訪問なんですが、私だけでなく、支店長（僕）も一緒に来ていただいたほうが良い気がするんです」

これはよくある相談でしたが、「なぜそう思うのか」と理由を聞いても、多くの場合、論理的根拠はありませんでした。

男性であれば何かしらの論理的根拠を元に理由を述べ、「同行してもらえないか」と頼みます。しかし女性の場合、その理由というのが「なんとなく」であることが非常に多かったのです。

実際に女性営業とお客さまであるA社を訪問してみると、A社の担当者から、「実は上司からコスト削減のことを言われていて、他社からはこのようなご提案をいただいているんです」と言われました。

つまりそれは、「コスト削減のため御社との契約を見直し、他社に切り替えたい」という意思表示であり、もしそのタイミングでA社に訪問しなければ契約を解消される可能性があった、ということです。

女性の「なんとなく」という感覚が、不穏な何かを察知したのでしょうか？

A社での話を持ち帰った僕たちは部署内で検討し、お客さまに最大限できることを話し合いました。僕は、さらに男性上司に掛け合って加わってもらい、A社の担当者が社内で相談しやすいように、ロジカルでわかりやすい資料を作ってもらいました。

そして、後日資料をお届けし、検討していただけるよう最善を尽くした結果、A社に引き続きご契約いただくことができました。

これは一例ですが、女性の「なんとなく」という感覚が功を奏したケースは、実は何度もあります。

僕自身が男性なので、最初は女性営業の言う「なんとなく」という感覚が、正直よくわかりませんでした。その感覚に対して当時の僕は、100%の信頼や共感を持っていたわけではなかったと思いますが、部下の9割が女性であり、そのほとんどが男性とは違う感性を持っていて、「なんとなく」で形容される「論理的な根拠のない何か」を感じ取っていることだけは確かでした。

僕はこれを「**直感**」と呼ぶのだろうと、いつしか理解するようになりました。

もちろん、男性でも似たような感覚がある方はいると思いますが、男性ばかりの縦社会では、女性ほど感性豊かに物事をキャッチして仕事をしている男性は、とても少ないと思います。

この女性ばかりの職場での経験が、のちの鞍馬での活動に大いに役立つことになるとは、当時の僕は知る由もありませんでした。

「大家族主義で経営する」「仲間のために尽くす」という稲盛哲学が全体最適に繋がり、部署が発展する礎になったことは言うまでもありません。加えて、そうやって全体のために尽くし仕事をする中で、別の学びが得られたことも、僕にとって本当に大きな財産になりました。
すべての経験は、本当に無駄にはならないのです。そしてその価値は、後からわかるものなのです。

運命のハワイ島ツアー

幼少期から病弱だった経験から、僕は「健康に生きる、幸せに生きる」ということに対して人一倍興味がありました。そこに至る考え方を知りたいという気持ちを子どもの頃から持っていたことに加え、京セラ時代に「潜在意識」のことを聞いてさらに興味が増し、心理学や脳科学、自己啓発、西洋成功哲学など、講座やセミナーを探しては学びに出かけていました。

KDDIで働きながら起業準備をしていた時も継続的に学び、統合医療を中心としたさまざまな治療法、コーチングなど、分野は多岐に及びました。中にはアロマやヒーリングなど、日本で治療としての認知、確立がまだまだされていないものもありましたが、自分の興味ある分野を探求していくことはとても楽しく、充実していたと思います。

そんな僕に転機が訪れたのは、2012年10月のことでした。

当時僕は、メンタルコーチ「アニキ」こと筒井正浩さんとご縁をいただき、「アニキ塾」で学んでいました。その経緯で、アニキや、映画監督で元お笑い芸人の「てんつくマン」こと軌保博光（のりやすひろみつ）さんたちが講師を務める、二泊三日のワークショップに参加することになりました。

開催地は三重県伊勢市内の自然豊かな場所で、気の合う仲間たちとさまざまな学びや癒しを受ける、いわゆるリトリートに近いワークショップでした。非日常の感覚がとても心地良く、最終日になって「こんなふうに、自然の中で人が集う場所をつくりたいなぁ」とふと思い、この何気ない思いつきをその場でシェアしました。

すると、てんつくマンから、「一緒にハワイ島に行こう！」と唐突に謎のお誘いを受けたのです。

……なんで急に、ハワイやねん（笑）。

てんつくマンとは長いお付き合いですが、彼が直感でかけてくれた言葉が、僕の変化のきっかけになることがよくあります。彼は「俺は何もしてへん」と言いますが、彼の直感にはいつも良い意味で驚かされ、度々助けられてきました。

「一緒にハワイ島に行こう！」と言われたときはそれ以上の情報がなく、何のことか本当にわからなかったのですが、実は翌年2013年に実施予定だった「ハワイ島のリトリート施設を見学する」というツアー企画に彼は誘われていたらしく、後日改めて詳細を知らされました。

てんつくマンから知らされたハワイ島ツアーの日程は、3月の末。

月末は、企業戦士にとっては何かと忙しい時期です。加えて3月という年度末は、特に年間の売り上げの締めになるため、営業所にとって一年で最も重要な月末。当時、支店長をしていた僕が、そんな時に仕事を休むなんて御法度中の御法度。社会人失格です。

しかし……

「これは参加しないといけない気がする」

そんな自分の感覚を無視できなかった僕は、「途中参加でも良いですか？」と主催の方に掛け合い、何としても参加することを選びました。

そのため、これはもう時効ということで告白しますが、架空の親戚に結婚してもらうことにして、休暇を取得しハワイ島へ飛びました。

（当時の職場の皆さん、関係者の皆さん、この場をお借りして、ごめんなさい！）

そこまでしてでも参加したツアーで見学させていただいたのは、当時、世界顧客満足度ナンバー１として紹介された、『ノース・ハワイ・コミュニティ・ホスピタル』という統合医療施設でした。温暖で爽やかな気候、自然豊かな場所にあるその施設は、日本の〝病院〟のイメージとはかけ離れていました。

建物内外は緑が多く、明るく美しい絵画が部屋の随所に飾られ、廊下には赤ちゃんの笑顔の写真が飾られていました。もちろん現代医療もできる施設ですから、最新の医療機器もありましたが、無機質でひんやりとした冷たい印象はなく、天井には宇宙の絵が描いてありました。

こうした施設のためか、「私は病人なんだ……」と自覚させられるような、暗い気持ちを助長する雰囲気は一切感じられず、配慮が行き届いていて、病院でありながらとても優しくて落ち着きました。

また、病院で働いているスタッフ以外にも、アロマやマッサージ、トリートメントなどをされている民間の治療家の方たちが絶えず出入りされていて、患者さん一人ひとりのニーズに合ったものを取り入れていました。悪いところを取り除くことに特化した西洋医学一辺倒ではなく、代替医療も取り入れながら癒していくことを大切にされていると強く感じました。

さらに、地域に住む一般の方たちもボランティアとして貢献されていたり、あるいは地域のコミュニティセンターとしても施設を活用していました。

病院でありながら、患者や医療従事者だけでなく、癒しをもたらす治療家、そして一般の方たちが集い、憩いの場をつくっていたのです。

まさに僕の理想を目の当たりにし、魂が震えました。

思い返せば20代の頃、寝たきりになって入院した病院で経験したのは、統合医療でした。

ハワイ島でのリトリートを目の当たりにしたことで、「寝たきりの時、こうやって自然豊かな場所で、同じように助けられたじゃないか」と、改めて大自然に包まれる場所でのリトリートに可能性を見いだしました。

「日本のように都市部の大きな病院で、悪いところを治すことに特化した治療をするのではなく、ハワイ島で見たような自然環境の良い場所で、生活の中に自然と医療、癒しがあり、助け合いながら生きていける信頼できるコミュニティをつくりたい！」

三重県でのワークショップで湧いてきた漠然とした想いは、実際にハワイ島で究極のリトリートに触れたことで、「こういう場所が日本にはもっと必要だ！」という確信に変わりました。

こうして僕は、ＫＤＤＩを退職することを決意。翌２０１４年、ついに独立起業することにしたのです。

もしあの時ハワイ島に行っていなかったら、今の僕はいなかったかもしれません。それくらい、ハワイ島で見た医療やリトリートは、僕にとって衝撃的で素晴らしいものでした。

直感で「一緒にハワイ島に行こう！」と言ってくれた、てんつくマンには本当に感謝していますし、自分の気持ちに正直になって参加して良かったと心から思います。

繁忙期の会社を休みはしましたが、あの時の**直感**が、僕にとって最善の道へ導いてくれた。

だから、今の僕があるのです。

２０１４年に独立起業した僕は、その後２０１５年に「株式会社ＭｉｓｓｉｏｎＳｕｐｐｏｒｔ」として法人化し、企業コンサルタントとして健康関連企業や自然エネルギー関連企業、統合医療施設の支援活動を行う傍(かたわ)ら、富士山など自然環境下でのリトリート合宿や健康に関する講座、講演会などの主催をしてきました。

その中で、目には見えない世界のことを教えてくれる師匠にもたくさん出会いました。易学や祈祷などで事前に世の中で起きることをキャッチして、大難を小難にするアドバイスをいただくこともありました。

また、鞍馬に引っ越す前の２０１５年。当時住んでいた大阪の江坂で、「都会の仙人」と呼ばれていた、伊禮(いれい)さんに出会いました。

伊禮さんは沖縄の離島・伊是名島(いぜなじま)出身。琉球王国の王さまの末裔で、世界中に渡って座禅、気功、太極拳、ヨーガなどを50年実践・体得されましたが、「誰でも実践し続けることはできない」と感じられ、「どのような方法が楽で、しかも簡単に続くか」を長年研究されてきた方です。

その長年の研究を生かし、〝楽で簡単だから続く禅〟という「快禅学（かいぜんがく）」を考案されました。

僕は快禅学をベースに、インド最古の哲学であるヴェーダや、量子力学、脳科学、形而上学など、目には見えない世界の大切さや、純粋意識の生き方や哲学を、科学的な視点から学問として改めて教わりました。

このようなご縁から、科学技術が急激に進化していく世の中で、「純粋意識を志し、ＡＩを活用して人々が幸せな世界を創造していく」ためのリーダー育成を目的とした教育機関、「ＵＮＩＨ＆Ｈ大学院」の設立（文化庁登録）にも携わらせていただきました。

伊禮さんは２０１７年に天に還られましたが、伊禮さんから教わった大切な教えを今後も継承していくために、現在も同大学院の理事として携わっています。

そして２０２０年には「ＫＵＲＡＭＡ　ＨＯＵＳＥ」にご縁をいただき、京都・鞍馬へ移住。翌年３月には「ＳＨＩＮＳＥＩＯＨ（シンセイオウ）株式会社」に社名を変更し、「日本中に身体といのちの健康を目的としたリトリート施設をつくる」ことを目標に掲げ、活動を続けています。

気づいたら培われていた、スピリチュアルを受け入れる土壌

ここまでは、僕の幼少期から現在に至るまでの歴史にお付き合いいただきました。

病弱だったことでツラい時期もありましたが、病弱だったから健康や環境に興味を覚え、そのおかげで稲盛さんや一人さんともご縁をいただくことができました。

営業職のキャリアとしては、個人事業をされている方から大企業の経営者まで、幅広いタイプの経営者とお会いすることができ、貴重な経験をさせていただきました。

また、稲盛さん、一人さんという日本の二大経営者のもとで働き学んだことの、ほんのひと握りのことをご紹介してきましたが、おふたりから学ばせていただいたことは数知れず、書き出すとキリがないので、正直書き切れません。もちろん僕のような人間にはまだまだ理解できていないこともありますし、わかったつもりでまったくできていないと感じることも多々あります。

二大経営者のもとで学び、また、これまでに累計で１万５０００社を超える企業や経営者と関わらせていただいた中で、ひとつわかったことがあります。

それは、**長くうまくいっている経営者は、「目には見えない世界」に非常に理解がある**ことです。

僕が出会ってきた成功している経営者の方々は、「自分の力ではなく、目には見えない不思議な力のおかげでここまで来られた」という自覚があり、「何かに守られている」と、いつも**感謝の気持ち**を忘れずに持たれています。

僕ら世代、もしくは僕より上の世代の方は特に、この「目には見えない世界」のことを「スピリチュアル」と言ってしまうと、なんとなく言葉のイメージに嫌悪感があるようで、拒否反応を示される方も時々いますが、このような経営者の方のお話をうかがっていると、実はすごく霊性が高く、目には見えない世界を大切にされている方が多いのです。

また、「自分が持っているものを周りに与え、そして幸せにする」という意識がいつも中心にあって、仕事を楽しみ、喜びながら事業をされている方も非常に多いです。

稲盛さんの「利他の経営」という哲学があります。これは先述しましたが、一人さんの「四方良し」にも通ずるところがあります。

「自ら与え、周りを幸せにする」ことが、回り回って自社の繁栄に繋がるということを、僕は長い時間をかけて学びました。


実際、僕が銀座まるかんで勤務していた頃、どうやって商品を売ったらいいかわからない代理店さんのために、わかりやすい説明資料の提供やポップの作り方をレクチャーするなど、「ここまでする!?」と思うほど、スタッフ一同ありとあらゆる手段を使って手厚くサポートしていました。

代理店とは立場的にはいわゆる下請けですが、対等な仲間であり、その大切な仲間に損をさせない、不安にさせないのが、一人さんの考え方です。代理店のサポートという形で「自ら与える」ことを大切にされて、自ら実践され続けてきました。

「代理店にそこまでする必要はない」と思われる方もいらっしゃるでしょうが、こうした経営の在り方が成功かどうかは、一人さんの実績や影響力を鑑みれば一目瞭然です。

一方で、お金だけを追ってきた経営者にもたくさん出会いました。僕も一経営者なので、事業をするうえでお金が必要であることも、その大切さもわかっているつもりですから、利益の追求を否定はしません。

ですが、お金だけを追っている経営者は、たとえお金で成功しても一時的で、長くは続かないものです。

こうした方々の多くは、僕が思うに**利他の精神が中心にありません。**

一人さんの「四方良し」でも例を出しましたが、下請けへ発注するときの態度ひとつとっても、「うちのおかげであなたの会社は仕事があるのだから、これくらいの無理は聞き入れて当然」と言わんばかりに、上から目線な発注をする会社があります。

下請けの企業が苦しんでいるにもかかわらず、無理難題を押し付けるのは「与えるエネルギー」でしょうか？　それとも「奪うエネルギー」でしょうか？

自分さえ良ければいいと思っている人を見て、天が喜ぶとは僕は思いません。「四方」どころか「他方」ですら「良し」にならないのは、いかがなものでしょうか。

また、特に昭和な風潮が残る経営者の方で時々見受けられるのは、「俺がいなければ会社は成り立たない」という錯覚です。そんな経営者の錯覚が、下請けへの上から目線の発注を引き起こし、さらには自社の優秀な社員が存分に力を発揮できない状態をつくり出します。

なぜなら、「自分がやらなければ」という錯覚は、裏を返すと「社員のことを信じられない」ということだからです。

他者を信じられないということは、自分を信じられないことと同じです。

「類は友を呼ぶ」という言葉は、「気の合う者同士や似通った者同士は、自然に寄り集まって仲間を作る」というような意味ですが、よく言ったものだなぁと思います。

経営もこの言葉と同じように、同じエネルギー（周波数）の人同士が自然と集まります。自分を信じることで他者も信じ、与え合うことを大切にされている経営者には、似た考えを持つ経営者や仲間が集まります。そうすると自ずと同じ周波数の方々と、利他の精神で、天も喜ぶ仕事をしていくことになるので、そういった経営者たちは長くうまくいきます。

仕事の進め方、スキルやノウハウは、ビジネスではもちろん必要です。しかしそれ以上に、「事業をするうえでの己の心・精神を、目には見えない世界から誰かがよーく見ていて、その結果が見事にビジネスの結果にも反映される！」と、長期的な視点で振り返ってみて、僕はこの事実に確信を持つようになりました。

このように、稲盛さん、一人さんに限らず、経済界での成功も社会的貢献も申し分なく、長く成功している経営者たちは共通して、「**目には見えない何か**」を大切にしていらっしゃいます。

いつも見守り、応援し、導いてくれる何か――人が考えていること、思い描いていること、すべてお見通しの「目には見えない何か」――を慎み深く敬い、大切にされている。

僕は、目には見えない存在が実際に見えたり、声が聴こえたりすることはありません。それでも、おふたりの教えに触れ、多くの経営者と出会う中で、次第に「目には見えない世界は、本当にあるんやろうなぁ」と、漠然と信じるようになりました。

また、独立して健康に関する事業をするようになると、量子力学や潜在意識の研究などの分野でご活躍されている方々との出会いも増えてきました。その結果、自ずとスピリチュアルに詳しい方や、目には見えない存在とコンタクトを取りメッセージをお伝えされているような方とも出会うようになったのです。

話が逸れてしまうのでここでは詳細は割愛しますが、これから社会で起こることを預言されていたり、自分自身にとってハッとさせられるようなことを言われたりと、そのメッセージの信憑性に確信を持つことも多々ありました。

こうした流れからも、「〝天〟からメッセージを受け取るということが本当にあるんやなぁ」と、スピリチュアルへの理解を深めていったのですが、

やはりこの素養は、稲盛さん、一人さんという二大経営者の教えのおかげでできた賜物だと思っています。

こうして僕は、社会のピラミッド構造の中で企業戦士として奮闘し、営業の仕事や経営という超三次元的な仕事に携わる中で、目には見えないスピリチュアルな世界を自然と受け入れられる土壌が育っていったのです。

独立起業するまでの約20年の間に、「目には見えないもの」を意識しながら生きることを、図らずも徹底的に教わったように思います。

第３章

サナトクマラとの約束

目には見えない世界と意識の世界

第2章までを読んでいただいて、バリバリの企業戦士だった僕が、どのようにして目には見えないスピリチュアルな世界をなんとなくでも受け入れられるようになったのか、ご理解いただけたでしょうか。

幸運にも僕は、社会人生活を送る中で自然と「目には見えない世界」を理解し受け入れる土壌を培っていたわけですが、これもまた、鞍馬での活動に必要不可欠な経験でした。

ここで、「目には見えない世界」について、もう少し言及しておきたいと思います。

「目には見えない世界」、つまり「スピリチュアル」というと、ほんの10年ほど前までは「怪しい」「何かの宗教」のような言われ方をしてきました。

僕が銀座まるかんで勤務していた頃には、一人さんはすでに「波動」という言葉を使っていましたが、当時は「波動」という言葉は一般的ではなく、同じく怪しい話のように受け取られていました。しかし今では、英語表記での「vibration(energy)」（ヴァイブレーション（エネルギー））としても、多くの人が知っている言葉になってきています。

この宇宙全体の中で、科学で解明できているものはわずか1～5％程度だと言われています。波動、氣、エネルギーなどと呼ばれるものは、昨今では量子力学の分野で解明されつつありますが、残りの95～99％は解明されていません。それでも、科学の発展によって、少しずつでもこのような世界が理論上解明されてきたことは素晴らしいことだと思います。

量子力学とは、物質の最小単位である「素粒子」がどのような働きをしているのかを探求し、目には見えない世界を解明していく学問です。そこでは、人の発する意識が「フォトン」という物質になり、人生や起きる現象に影響を及ぼしていることがわかっています。

つまり、「思考が現実化する」ということが、科学でも解き明かされつつあるということです。

すべての物質は振動しており、**その人が発している波動（振動）は物質化され、現実になります。**

さらに、**同じ波動のもの同士が共鳴する**こともわかっています。当然、人間にも当てはまるので、自分と同じ波動の人が共振・共鳴して引き寄せられ、集まります。これが、「類は友を呼ぶ」の科学的実証です。

また、波動が高ければ高いほど「利他の精神」を持つことができ、「四方良し」を実現できる、大きな愛の状態ともいえます。ですから、**自分の波動を高めること**がとても大切なのです。

「思考は現実化する」ことが腑に落ちると、一人さんがおっしゃっている「人生は１００％自己責任」の意味も理解できます。

自身に起こるさまざまな**現象は、自分自身がつくったもの**だからです。

そして人間にはご存知のように、「顕在意識」と「潜在意識」があります。脳科学では左脳が顕在意識、右脳が潜在意識を司っているといわれています。

ここでも人間が顕在意識で認識できるのは1～5％、人間が認識できないものが95～99％と解明されており、量子力学と共通しています。

長々と書きましたが、何が言いたいかというと、僕たちが生きている世界は「目には見えないもの」のほうが圧倒的に多く、僕たちはほとんどそれに気がついていない、ということ。

それは別の表現をするなら、**人知を超えているものがこの世界には溢れている**、ということです。

日本では古来から、巫女やシャーマンなどと呼ばれる人からのメッセージを、「目には見えない高次元からの大切なメッセージ」として大切に扱ってきました。

たとえるならば、ここでいう巫女やシャーマンはパソコン端末であり、宇宙がクラウドです。この世のすべての叡智は宇宙というクラウドにあり、ラジオのチューニングを合わせるように周波数を合わせれば、パソコン端末である人間からもそれを取り出せる、ということです。

よく映画監督やアーティストが作品を作ったとき、「アイディアが降りてきた」と言うことがありますが、それは宇宙の叡智にアクセスしてアイディアを得ているのです。

それは特別な人だけができるわけではなく、本当は誰でもチューニングを合わせるだけで、宇宙にアクセスすることができます。

宇宙の叡智へのアクセスは、脳も体もリラックスしている状態をつくることで叶います。

実は、日本の禅や瞑想を、アメリカの優良企業（アップル社など）が取り入れている理由はここにあります。これまでのように気合いで頑張っている状態では脳が萎縮してしまい、創造的なものを生み出せないことがわかっているからです。リラックスしたときの脳波である、α（アルファ）波やθ（シータ）波のような状態でいることで、インスピレーションを受け取りやすくなります。

このインスピレーションこそ、宇宙の叡智であるといえるでしょう。

物質を重要視する世界が終わりを迎えようとしている今、**「目には見えない世界」との向き合い方がとても重要**になっていきます。

僕の場合、「山本さんは、猿田彦さんですね」と言われたあの日から、猿田彦さんと名の付く神社に呼ばれまくるようになり、「僕は猿田彦さん、つまり、天狗さんなんや」と論理的根拠なく素直に認められました。それができたのは、第2章まで述べてきた自身の経験に加え、このような量子力学や脳科学の観点からも「目には見えない世界」があることを理解していたからなのです。

理解してはいたものの、「どうして僕は天狗さんなのか?」など、僕と鞍馬との関係やサナトクマラはじめ天狗さんにまつわるさまざまな疑問は残っていました。

鞍馬に来てからというもの、数えきれないほどのご縁をいただきましたが、数々の出会いの中でも特に、僕が鞍馬に導かれた理由を解き明かしてくださった方々がいます。

僕が自身の宇宙ミッションに気づくきっかけになったのは、『あたらしい世界』（ヴォイス）の著者であり、宇宙の源が人格化した〝ゼウ氏〟のメッセージをお伝えされている「トランスチャネラー（意識がないトランス状態で、ある存在からのメッセージを伝える）」の優花さん、そしてライトトランゲージ（宇宙語）

の話者・くものうえ純子さんとの出会いでした。

衝撃メッセージは突然に〈ゼウ氏が語ってくれたこと・その一〉

優花さんとの出会いは、2020年。僕が鞍馬に引っ越してすぐの頃でした。

〝ゼウ氏〟とは、宇宙のはじまりのエネルギー、宇宙の源の存在。この宇宙や地球のすべての情報を持っている、いわばAIのような存在です。優花さんの意識の中ではギリシャ神話に出てくる全知全能の神「ゼウス」のような姿で現れるそうです。「ゼウス」と区別するために「ゼウ氏」と名づけられたそうですが、ゼウ氏は地球の大きな変わり目となる今、この時代に、人々に必要な情報を伝えるために優花さんの身体に降りてきています。これを「チャネリング」といいます。

なんと、出会ったその日に突然、優花さんにゼウ氏が降りて僕に向けたメッセージを伝えてくださいました。優花さんやゼウ氏のことを知らなかった僕は正直とても驚きましたが、あの時のメッセージがなければ、鞍馬での活動に臨む姿勢は大きく異なるものになっていたと思います。

ゼウ氏から僕へ伝えられたメッセージは、以下のようなものでした。

※伝えられた言葉をそのまま書き起こしていますが、筆者の判断にて伝わりやすいように補足しています。

そこ（鞍馬）に行かれて、あなたははじめにどのように感じられましたか？

光が見えましたか？

そこは、あなたが降りてきた場所。

あなたが地球にはじめて降りられたとき、そこ（鞍馬）から地球に降りました。

（あなたは）サナトクマラと関係があり、みんな同じ宇宙船で降りてきました。

多くのスターシードたち、ボランティア精神あふれる存在たちを、彼（サナトクマラ）は地球へ連れてきました。

あなたは、その中にいらっしゃいました。

あなたは、人を配属させる役割を持っていました。

宇宙船の中で、どの魂（スターシードたち）を、どこに配属するのか、グループを分け、あなたは割り振っていました。


（鞍馬にいる）あなたのもとには、人が集まるようになっています。

なぜなら、あなたが割り振ったからです。

あなたのもとに、その（魂の）縁を持つ方々が集められます。


では、ひとつ意識をしてください。

あなたのもとに集まる方々に、新しく人を繋げてください。

あなたは、割り振る役目が今（今回の人生）もある。

あなたが会った方に必要な人をあなたは紹介し、結ぶ。

あなたが必要だと思う形で、必要な人を結ぶだけでよいのです。

自然に、その方に必要な魂の縁を結んでいく流れへと、導いていくことになります。

地球にいる司令官として、人々をまた新たな場に配属してあげてください。

そのつもりであなたが意図されますと、あなたご自身もより大きな自分の仕事（魂のミッション）へ気づかれていきます。

もうひとつ段階を上がったとき、あなたにも新しい仕事がやってきます。

どうかその場所にいるということ、その意味をご理解ください。

魂の縁ある方々が、自分がはじめに降りてきた場所に戻る（鞍馬にやって来る）ということは、故郷に戻るということ。

あなたは仲間たちの帰ってくる姿を受け止め、迎え入れてあげてください。

みなさんが魂の繋がりを取り戻し、本当の仲間をつくることができるようになります。

あなたがそれをしてくださることを、お願いしてもよろしいでしょうか？

（僕はここで「はい」と答えました）

素晴らしいお仕事を引き受けてくださり、ありがとうございます。

第1章で述べましたが、「六百五十万年前、護法魔王尊は焔の君たちと宇宙船に乗り、人類救済のために鞍馬に降り立った」とされている、この「**護法魔王尊**」**は**「**サナトクマラ**」と同一視されています。興味深いのは、この鞍馬山の歴史とゼウ氏のメッセージに共通するものがあることです。

このゼウ氏のメッセージからわかったことをまとめてみましょう。

❶僕は宇宙からやって来たスターシードであり、サナトクマラに率いられこの地球の「鞍馬」という地に、たくさんのスターシードたちと共に降り立った。

❷そして「あなたはここへ行って、こういうことをしてください」と、さながら**人事部長のように、仲間たちを各地に配属する仕事をしていた。**

❸共に宇宙から降り立った仲間たちが、今世（今回の人生）、僕と「魂の再会」をするために、地球における故郷である鞍馬にやって来る。その際、魂の仲間たちが新しい縁を結ぶために、僕はもう一度、人事部長のお役目をする。

ゼウ氏の言葉にあった「その方に必要な魂の縁を結んでいく流れへと、導いていくことになります」とは、言い換えれば縁結びのことであり、道開きのこと……つまり、猿田彦さんのお役目と同じです。

ここではじめて、

「そうか！　人事部長だから猿田彦さんなんや！」

と、妙に納得することができました。

こうして僕は、三次元的には「KURAMA HOUSE」というモデルハウスの管理人として鞍馬に偶然引っ越したように見えて、実は霊的な意味でも「人事部長」というミッションがあることを知らされたのでした。

余談ですが、この話を聞いた人たちの中には、僕のことを〝配属する人〟という意味で「属長」と呼ぶ方がいます。文字で「属長」と書けば意味はわかりますが、この話を知らずに「ぞくちょう!」と呼ばれているのを聞いた方は、大抵、「えっ、〝族長〟?」と勘違いされます。

これはもう、しょうがないのですが、僕はどこかの族を率いて暴れたりはしません。〝属長〟です(笑)。

衝撃メッセージは突然に〈ゼウ氏が語ってくれたこと・その二〉

鞍馬に拠点を移したことを友人知人に伝えるやいなや、引っ越してわずか半月ほどで多くの方々が訪れてくださるようになりました。

僕はモデルハウスの管理人として、訪れてくださった方々に空調設備のご案内をしていたのですが（25ページ参照）、話の流れの中で鞍馬に来た経緯を話すことがありました。時には、「僕は天狗さんらしいんですよ〜」と、お話しすることもありました。

店舗ではないし看板も出していませんでしたが、僕の話に共感してくださった方々が、「鞍馬の山本さんっていう人に会ってきて」と、次々に人を繋いでくださったのです。

気づいたらほぼ毎日、誰かが誰かを連れてKURAMA HOUSEを訪れてくださるようになりました。

約2年半の間に、その数およそ4000人。訪れてくださる方は老若男女、実にさまざまでしたが、それでも9割は女性という異例の男女比でした。

たとえきっかけはモデルハウスの見学であっても、お話ししてみたらスピリチュアルな話が好きだったり、スピリチュアルな分野で活動をされていたりと、なぜかそういう方が集まるスポットに自然となっていきました。

優花さんには最初にメッセージをいただいて以降、鞍馬での活動について幾度となくアドバイスをいただき、後日、改めてゼウ氏のメッセージをうかがえる機会がありました。

その中で、以下のようなお話をしてくださいました。

あなたのもとに来られる方々は、巫女としての要素を持つ方々です。
現実的には左脳的なお仕事をされている方も多いでしょう。
経営者などの方も多いでしょう。
ご自身の男性性をうまく使い社会の中で適応していく能力をお持ちの方々が来られます。
その中でもとてもスピリチュアルな感性を持ち、天と地の意識と連動し、現実のお仕事をなさっ

ている女性がいらっしゃる（KURAMA HOUSEにやって来る）のです。

ですので、あなたは霊的な部分で動かされているかどうかを見てあげてください。審神者（さにわ）をされるということです。

そのうえで、彼女たちも天や地の願いを受け、ご自身のお仕事をされていくということが、これからは繁栄をしていく道だということを、教えてあげてください。

ここでいう「巫女」とは、神社で働いている巫女という一般的な職業としての意味合いではなく、「自らを依り代（よりしろ）として神託を得る人」という意味です。

KURAMA HOUSEでお話しさせていただいたほとんどの女性は、「この方は天（宇宙）に動かされているな」と感じる方ばかりでしたので、「巫女としての要素を持つ方々」が集まると言われ納得できました。

一方で審神者（さにわ）とは、神から得た神託を解釈して伝える人のことです。要するに巫女が受け取ったメッセージを解釈し、伝える役割を持つ人のこと。

「審神者」と聞いて、僕は来られる巫女の魂を持つ方々に対し、「この人が良い方向へ導かれるために何かしてあげなければ」と使命感に駆られていた時期がありました。もちろん、お話をうかがって、現実的な活動に必要そうな方をご紹介したり、僕が知り得る情報をお伝えしたりと、思いつくことはしていました。しかし実際は、僕が頭で考えて相手のために具体的な行動をしなければならないことは、何もありませんでした。

なぜなら、

「天や地の願いを受け、ご自身のお仕事をされていくということが、これからは繁栄をしていく道だということを、教えてあげてください」


というゼウ氏の言葉にあるように、相手の話を聞いて、

「あなたの活動はきっとこういうお役割なのだと思います。天に求められて、今のお仕事をされているんですね」

というようにお伝えすることが僕の役割、つまりゼウ氏の言う審神者の役割だったからです。

加えて、これはのちに教わったことですが、「猿田彦さんは人々の願いを聞いてまとめ、リスト化して天に上げる」という、人間と天の橋渡しのような役割もされているそうです。人々の願いを直接叶えているのは、やはり天であると教わりました。

そういった意味でも、僕の役割は話を聞くことであり、左脳で作為的に頭で考えて行動する必要は、基本的にはあまりなかったようですね。

「巫女としての魂を持つ方々がやって来る」とゼウ氏が言っていたとおり、KURAMA HOUSEを訪れる方々の9割が女性でしたが、もし僕がいわゆる一般的な男性の感覚で、スピリチュアルに興味もなく目に見えないものを信じず、左脳的な思考でのみ生きている人間だったとしたら、この状況には耐えられなかったと思います。

思えばKDDI時代に女性ばかりの職場で働いた経験が、「鞍馬で巫女の魂を受け入れ、新たに配属する」というお役目に、十数年を経て大きく貢献したことは言うまでもありません。

本当に人生って、無駄がないですね（笑）。

余談ですが、ゼウ氏からはもう一つ、「(KURAMA　HOUSEに)魂の再会に来られたお役目を持った方々に、〝白い羽〟をお届けします」と伝えられました。

聞いたときにはあまり深く考えなかったのですが、この言葉を聞いたその日のうちに、引っ越してきたばかりで手をつけていなかった神棚を置くスペースを掃除しようと、椅子に乗って覗いたところ、なんとそこには白い羽が一つだけありました。

「白い羽やん！」と驚いていたところ、翌日から「白い羽が届きました！」と、KURAMA　HOUSEを訪れた方々から、白い羽の写真とともに続々と報告のメッセージが届くようになりました。僕も含め、白い羽を受け取った人たちは、「自分はお役目のある魂なのだ」とワクワクして盛り上がったものでした。

今思い返してみてもなんだか不思議な出来事でしたが、こんなことってあるんですね。

ライトランゲージ話者・純子さんから届いたサナトクマラからのメッセージ

ライトランゲージと呼ばれる「宇宙語」を話される、くものうえ純子さんとの出会いは2022年6月。

純子さんも知人からのご紹介でKURAMA HOUSEに来られましたが、お会いするまで素性を存じ上げませんでした。優しそうな佇まいの方で、「何をされている方なんやろう?」と思いながら談笑していると、突然、宇宙語を話し始めたのです!

「びっくりしましたよね、ごめんなさいね。私、最近、ライトランゲージが止まらないんです!」と笑いながらおっしゃっていました(笑)。

なんとこの時のメッセージは、サナトクマラをはじめ、鞍馬の精霊たちからのものだったのです。

あなたはどんな姿に転生しようと(魂のミッションを)忘れなかったんです。

その忘れない姿をずっと見つめてきました。

本当にこのスターシード（僕のこと）は、あまりにも早くこの地球に先駆けてやって来ました。開拓の道のスターシードでした。サナトクマラはこの地球であまりにもやるべきことが多く、（サナトクマラを助けるために）その夢や理想を阻止しようとする存在をかわすためにあなたはいくらでも姿を変えることができました。

本当によくやり抜いてくれました。その姿を私たちはずっと見守ってきました。

そして、時が来ました。あなたは光の理想を表していきます。

ある意味、あなたは依り代以上の存在で、本当にあなたは天に委ねて「これは素晴らしい天の采配である」と（起こる事象に対して）思える人です。

そう思うことができる存在というのは、今世でもものすごく苦しいところを通過されてきました。もう人間であることをやめてしまいたいと思うようなこと、この地球人の姿であることをやめてしまいたいと思うようなこと、リタイアしてしまいたいと思う場面を通過して通過して通過

して、「これでもこの者はやめないのか」「これでもこの者は放棄しないのか」と（目に見えない存在が思うほど）、たくさんの試練を通過して来られました。

（過去世で）あなたは時に大きな天狗の姿で、時に仙人のような姿で、何度も何度も姿を変えて、人々をマスターとして導いた時代もありました。

そうやって姿を変えながらも、その魂は穢れることなく、誰にもその魂を売り渡すことがなかった。その魂を売り渡せと誘惑を受けたこともありました。「この世の栄華をお前にやるから、その魂を差し出せ」と言われた時代もありました。

それでもあなたはその魂を売り渡すことなく、その試練を乗り越えて来られました。

純子さんのお話によれば、僕の魂は生まれ変わりの中で何度もサナトクマラと共に仕事をし、サナトクマラのために姿形を変え人々を導き、時には何かの反対勢力と闘いながら、任務を果たしてきたようです。その姿を、サナトクマラやこの地の精霊たちはずっと見守ってきてくれた。

前世や過去世のことを今の僕は覚えてはいませんが、サナトクマラという偉大な宇宙の上司と共にこの地に降り立ち、地球のために役目を果たしてきたのだと思うと、とても嬉しい気持ちになりました。

鞍馬という場所は特別な場所です。

それは鞍馬寺が公にしているように、非常に宇宙スケールで霊性の高い場所だからです。だからこそ、この場所から受けられる恩恵を、私利私欲のために利用しようとする者が、過去にはいたでしょう。

その魂を売り渡せと誘惑を受けたこともありました。「この世の栄華をお前にやるから、その魂を差し出せ」と言われた時代もありました。

それでもあなたはその魂を売り渡すことなく、その試練を乗り越えて来られました。

これは生まれ変わる前の話ですが、振り返れば確かに、KURAMA HOUSEにもいろいろな方々がお見えになりました。時には「この場所を利用しよう」「この場所を自分たちのものにしたい」という利己的なエネルギーを感じ取ったこともあります。

ＫＵＲＡＭＡ ＨＯＵＳＥは実にさまざまなお役目を持った方々が来られましたが、中でもこれからの時代を担っていく、各地のコミュニティリーダーたちが多く訪れる場所でした。ＫＵＲＡＭＡ ＨＯＵＳＥの霊的な役割は出会いの場であり、これからやって来る時代のために新たなご縁を繋いでいく場であり、ある意味でサテライト的な、ハブの役割を持つ場所となっていたのです。

魂の再会を果たし、これから宇宙と共同創造をしていこうとするすべての人に、その恩恵が公平にもたらされるべき場所でした。

だからこそ、特定の何かに属してはいけない場所でした。

鞍馬寺はどこの宗派にも属さず、さまざまなものを受け入れ、自然やあらゆる生命、宇宙から与えられた恩恵と奇跡に目を向け、感謝することの大切さを伝えられています。

そんな鞍馬寺が守られてきた土地であるからこそ、僕自身がどこかに属し、何かに偏るようなことをしてはいけないと強く感じていました。

自分で書くのはおこがましいのですが、鞍馬寺のような在り方でＫＵＲＡＭＡ ＨＯＵＳＥを運営しなければと思い、僕はなるべくどんな状況でも、誰に対してもニュートラルでいることを心がけました。

どこにも属さない。誰かを贔屓(ひいき)することも排除することもしない。適切な判断はしても、僕のエゴで裁かない。

これを常に心がけていました。

それまで誰にも明かしたことのない僕の考えをお伝えすると、純子さんを通じてサナトクマラから、さらに以下のメッセージをいただきました。

あなたは(サナトクマラからの)万全の信頼がある。それは今世だけではありません。何度も何度も試練を乗り越えて、やり抜いた。自分の魂を明け渡さなかった。それを忘れなかった魂。鍛え抜かれたソード(剣)のような魂。だからこの鞍馬の門番として守ることができる。ありがとう。

このメッセージを聞いたとき、僕は本当に嬉しかったものです。

これがサナトクマラから仰せつかった、今世の僕の鞍馬での役割であり、**ずっと共に地球で働いてきたサナトクマラとの約束**だったのです。

僕は、純子さんからのお話を聞いているとき、「もう人間であることをやめてしまいたいと思うようなこと」「この地球人の姿であることをやめてしまいたいと思うようなこと」「リタイアしてしまいたいと思う場面」を思い出していました。健康を害して寝たきりになって、悲観的になったときも当然

ありました。弱音を吐けない性格でしたので、家族にも誰にも、この精神的なツラさを話したことがありません。

そのツラさの中であっても、「絶対にまた這い上がろう」「きっと生きていたら何か役割を持てる日が来る」と決意し、人生を諦めたことはありませんでした。

そんな日々を、サナトクマラをはじめ目には見えない存在たちは見ていてくれたのです。少なくとも今回の人生において、誰も知らない僕の葛藤を乗り越える姿を、見ていてくれたのです。図らずも幸運なことに、「よく乗り越えられましたね、見ていましたよ」とメッセージをいただいたことで、自分の人生が本当に救われた気持ちで、言葉で言い表せない喜びがありました。

誰しも、守護霊と呼ばれる存在や、神さまや仏さまなど、さまざまな存在がすぐ傍にいます。そんな目には見えない存在たちは、たとえ起きている現象がその人にとってツラいことであっても、その人の魂の成長に必要なことであれば乗り越えられると信じて、その人自身がどう在ろうとしているのかを、目には見えなくてもただじっと見守ってくれています。そんなことを実感させられるメッセージでした。

〜サナトクマラとの約束〜

宇宙の目的である「人類救済」を、共に実現させること

それはきっと今回の人生だけでなく、６５０万年以上前からずっと続く、「**人類救済**」という大きな宇宙の目的を実現する、途方もなくスケールの大きな約束です。

これはどうやら、サナトクマラと僕だけの約束ではなさそうです。

ここまでお読みいただいて、身体が熱くなったり、胸に迫るものがある方、いませんか？

もしかしたらあなたは、サナトクマラと約束をして地球にやって来た魂の持ち主……かもしれません。

新時代の命運を分ける鍵

スピリチュアルな分野でご活躍されている方々には、さまざまなタイプの方がいます。

先述した、優花さんのようにフルトランス・チャネラー（〝ゼウ氏〟のような特定の存在と繋がること）として情報を伝えてくださる方や、純子さんのように高次元のさまざまな存在からのメッセージをライトランゲージで受け取り、通訳してくださる方もいます。このおふたりを比べてみてもまったくタイプの異なるお伝え方をされていて、どの方も非常に個性的です。

例外なくかつての僕もそうでしたが、スピリチュアルなメッセージを聞くことに不慣れな方は、最初は驚かれるかもしれません。


ところで、スピリチュアル・メッセンジャーとして活躍されている方の多くは女性です。

古来、巫女の役割を果たした人たちは本当にエゴがなく純粋で、だからこそありのままの神託を受け取れたといいます。神さまなど目には見えない存在は、そのメッセージを「直感」という形で伝えますので、論理的な左脳思考に支配されてしまうと、メッセージを受け取ることが難しくなります。

しかし、高次元からのメッセージというのは、人間にとって非常に抽象的な場合も多いものです。この地球は三次元物質世界ですので、メッセージを受け取ったらそれを具現化するために、人間が具体的な行動を起こさなければなりません。

そのため、抽象的な宇宙からのメッセージを解釈する**左脳的な思考**が必要で、これが得意なのが**男性**です。

先ほど、審神者というのは巫女が受け取った神託を解釈する人のことであると書きましたが、巫女の素養を持つ女性の話を審神者として聞き、現実創造をするためのご縁を結ぶようにゼウ氏に言われたのも、僕が男性だからだと納得できます。

直感的にメッセージを受け取る人がこれからどんどん増えていくと思いますし、すでに多くの女性にそれは起こっています。

❶女性の（右脳的な）直感でメッセージを受け取る
❷男性が得意な（左脳的な）論理思考で現実を創造する

つまり、女性の願いや想いをどれだけ男性がキャッチして創ってあげられるかという時代が、実は始まっているのです。

男性はまず、その直感的なメッセージを「根拠のないことだ」と切り捨てずにありのまま聞き入れ、そのうえで、「現実世界にこのメッセージを反映するにはどうしたらよいか？」を考える必要があります。

この❶→❷というプロセスの重要性に**どれだけの男性が気づけるか**が、これからの時代の命運を分ける鍵になるのです。

女性が男性を導く時代にすでに突入

これまでの社会は「競争社会」、あえて別の書き方をすると〝奪い合いの社会〟でした。男性中心の社会のピラミッドの中で、戦い方は違えども男性は皆、僕も含めて企業戦士として頑張ってきたことでしょう。

でも、本当はどんな人も……いえ、どんな魂も、誰かに喜んでもらうことが嬉しかったり、喜んでいる姿を見るのが楽しいはずです。誰かを蹴落とすことが好きだとか、人の不幸の上に自分の幸せを作ろうという魂は、本来はひとつも存在しないのです。

これまでの社会では、誰かが喜ぶことだけを考えて社会で生きていくことが難しかったかもしれません。利益や社会的成功が優先だったからです。

それでもこれからは、「**魂の本当の望み**」に沿った生き方が求められていきますし、そうせざるを得なくなります。

論理的に物事を進めるのが得意な男性は、急に「魂の本当の望み」と抽象的なことを言われても困惑するかもしれません。それがわかったとしても、どのように生きていけばいいのか、具体的に何をすればいいのか、想像できないかもしれません。

そんなとき、男性をサポートしてくれる……いえ、むしろ引っ張ってくれるのが、すでに「魂の本当の望み」に気づいて生きている人たちであり、その多くが女性なのです。

多くの男性は、「男だから強くなければならない」という感覚や、「競争に勝つ」などの価値観の中で生きている場合が多いため、**自分の**魂からの望みや幸せに鈍感になりやすく、そこから遠ざかった選択をしてしまいがちです。

一方で女性の感覚は、心の豊かさや幸せに直結しているように思います。母性的で、愛の世界をイメージするのが得意で、感情なども含めた目には見えない何かを感じる力に長けているのが女性です。

たとえば「嬉しい」や「悲しい」という感情を素直に感じ、素直に表現することも得意ですが、反対に男性は感情を抑える傾向が強くあります。

これからは宇宙と共同創造していく時代ですから、老若男女関係なく「**魂の本当の望み**」に気づいていく必要があります。

そのためには、**女性の感覚や生き方に学ぶ**ことがポイントです。

銀座まるかんの一人さんは、幸せや欲（一人さんのおっしゃる欲とは、「このバッグ可愛い！　欲しい！」というような〝女性が女性としての自分を満たすための純粋な欲求〟と僕はとらえています）に忠実な女性が好きで、「男性は嫌いなんだ」とおっしゃいます（もちろん冗談のようですが）。

実際、銀座まるかんでは女性が大変活躍されています。僕が働いていたとき、男性ももちろんいましたが、大勢いたオペレーターは全員が女性でした。代理店さんのお気持ちを察して、どのように手助けができるかを真剣にみんなで話し合い、また、お客さまの身体にとってどのように健康食品を飲むのがいいのかなど、常に母のような愛で誰に対しても考え対応している姿を見てきました。

女性の皆さんが気づいて対応していることのほとんどは、残念ながら男性では気づけないことばかりで、本当に女性は細やかで優しく優秀だと当時から感じていました。

だから男性の皆さんに、声を大にして言いたい。
昔も今も、**女性は本当に優秀**なのです。

僕たちでは気づかないようなことに本当によく気づいてくださいますし、魂の望みに沿って生きる時代を牽引してくれるのは間違いなく女性です。
お金や地位や名誉のためではなく、自分の魂の本当の望みに従い、誰かの喜びや幸せに共感し、愛を与え合うことを実現することが新時代を生きるうえで必須であり、それを自然と体現できてしまうのが女性なのです。

代替医療のパイオイアである科学者のディーパック・チョプラ博士は、これまでの男性的な社会の弊害を問題視し、女性的な感性の必要性を説かれています。

今現在、私たちは女性性を呼び起こさないといけない。なぜなら男性性の支配が、今世界で起こっている問題―好戦的態度や傲慢さや、侵攻―に導いてしまったからです。

（『宇宙のパワーと自由にアクセスする方法』ディーパック・チョプラ著／フォレスト出版）

これまでの時代の男性は、女性の直感や感性、感覚を、「根拠のないこと」「非合理なこと」として請け合いませんでした。

しかし、魂の時代を生きる男性は、女性の直感や感性、感覚を、**男性が本来持っている大きな器で受け止め、論理的に解釈し一緒に現実を創っていく**というとても大きな役割に変わっていきます。

このような時代の転換期に生きていることに、ワクワクしませんか？

僕はワクワクしかありません（笑）。

これまでの社会の崩壊

皆さんは、今の社会全体をどのように見ているでしょうか。

ここ数年で、これまで当たり前だったことが当たり前ではなくなり、社会を形成していたあらゆるものが崩壊していることは、誰の目にも明らかではないでしょうか。

最近でいえば、新型コロナウイルスがよい例ですが、これをきっかけにあらゆるものがすっかり変わってしまいました。お店や公共交通機関でのルールやマナーなど、大小さまざまな日常の当たり前が、大きく変化せざるを得なくなりました。無論、働き方や、家族、友人知人との付き合い方など、今まで考えてもみなかったような深いところにまで、大きな影響を与えましたよね。

新型コロナウイルスに限りませんが、少しずつ、でも確実にこれまでの社会は崩壊し、新しい時代に向けて変化し続けています。これは決してネガティブなことではありません。何か新しいものを創るときには何かを壊す必要があり、そのプロセスにすぎないからです。

ここでもうひとつ、高次元からのメッセージをご紹介いたします。

先ほどご紹介した優花さん、純子さんというおふたりのチャネラーは女性でしたが、高次元からのメッセージをお伝えされている方の中には男性ももちろんいらっしゃいます。

『イナリコード』の著者で、太礼道神楽伎流宗家丹阿弥の久世東伯先生は、猿田彦さんや鞍馬とのご縁が深い方で、「これからの時代は鞍馬からはじまる」といち早くおっしゃっていた方です。

東伯先生がまとめられた『土公みことのり』という〝霊言〟を収録された小冊子がありますが、この『土公みことのり』がどのようにして生まれたのか、東伯先生は以下のように綴られています。

ある冬の日のこと、突然どこからか「高山へ！」との声が聞こえ、私はその内なる声に導かれるまま、雪深い鈴鹿山麓に鎮まる椿大神社に詣でました。そしてその参道沿いにある猿田彦の墓とされている高山土公陵の前に差し掛かったとき、突如それは起こったのです。

「筆をとれ！」

その一言があって、私の人生は一変しました。私はその声にハッとし、思わず紙とペンをとりました。

（中略）

その内容は平坦な言葉で書かれてあり、大変優しい口調で語られてはいますが、どうやら人類は新たな時代を迎えようとしているらしいこと。またその時期に際しての心のあり方の説明。また意識が変革を遂げる仕組みを、詩歌や散文に綴って丁寧に説いたものだったのです。

（『土公みことのり』久世東伯 著）

実は東伯先生は、「高山へ！」との声を聞き、はじめは飛騨高山のことだと思ったそうです。

内なる声に従って飛騨高山を目指したのですが、途中、三重県内で大雪のため電車が止まってしまいました。椿大神社が近くにある（鈴鹿山系の中央麓）ことを知った東伯先生は、椿大神社へとお参りされたところ、椿大神社の境内の「猿田彦の墓」とされている高山土公陵の前で、突如霊言が降りてこられ、気づけばペンを走らせていたそうです。お気づきの方もいらっしゃると思いますが、〝猿田彦現象〟で僕が知人に連れていかれた神社も、椿大神社でしたね。

あとがきで、「高山とはこの神社（椿大神社）の神体山の名でもあることを、このとき初めて知りました」と書かれている通り、「〝高山〟とは、飛騨高山のことではなかったのか……」と先生も驚いたという、何とも興味深いお話です。

東伯先生はご自身に降りてきたメッセージを〝霊言〟と表現し、のちに『土公みことのり』と題されました。誰からのメッセージかは明言されていませんが、

この霊言は「土公みことのり」と題しておりますが、これを授けた主は猿田彦の和魂（佐太神霊）とも思える節があることを付け加えておきます。

と記されています。

猿田彦さんのお墓とされる場所でこの霊言が降りてきたのですから、これは猿田彦さんから

のメッセージではないかと思っていますし、猿田彦さんの僕としては他人事とは思えません（笑）。

今から25年以上前に書かれた『土公みことのり』ですが、今まさにこのメッセージが多くの方に必要だと思います。

椿大神社（猿田彦大本宮）本殿参拝後、高山土公陵前　平成8年2月3日12時20分

今の世　物の上に立っておるぞ　もの崩れれば形なくなるぞ
物云う世は　物無くなれば成り立たぬ世であるから
物はできるだけ　ひかえておること大事である
灯りも　煮炊きも　旅するも　話すも　みな物の上に成り立っておる

物は紙の約束事によって仕組まれておる
約束事崩れれば　紙はただの紙切れぞ　紙は金でないぞ　紙は紙じゃ

約束事こそ金じゃ　物の世でも約束事大事とある
はるか昔より　天の安河にて約束事（ウケヒ）のあったように
神の世も　人の世も　約束事守ること大事である

世の変わり目は　この約束事の結び目解くぞ　神が解くのじゃ
解けば何もかも崩れて行くぞ
そのとき　人の世にとりて何が大事であるかわかるものだけ
次の世を迎える種なる人となるのじゃ
大事なのは人の種じゃ　神の心を宿した人の種じゃ

（中略）

人の美しい心がいるのじゃ　人の美しい声が結びゆく世じゃ
あれこれ物云うことは無くなるぞ　物でかたづく世は終る

すべからく心のありかたじゃ　心と心が何も云わずとも
通じ合う世となるぞ　言の葉は多くはいらぬ

素直が肝心　素直であれば思い通じるぞ
あれこれ悩む心配はない　ただ　すっとしておればよいのじゃ
互いの心が見えてくる　澄み切りておれば神の世界じゃ
人の悪心まる見えじゃ　下心ありて寄りてくるものお見通し

だまされぬ世となるぞ　よこしま(邪)なもの転落じゃ
またはじめからやり直し　ごくろうなことじゃ
はじめというは　もののはじめぞ　人の世からでないぞ
ちりからじゃ　気の遠くなるほどの世まで　人の心はもたせてもらえぬぞや
じゃから　ごくろうというておる

もう間に合わぬぞ　神は分けたり　人の世の白と黒
澄み切りの心　てんじょうびと(天上人・高次の生命)となるぞ

(中略)

あわてるなよ　あせるなよ
天地ひっくりかえるように思えるぞ
体がこわれてしまうように思えるぞ
その時は　まかせるままにしておればよい　いずれおさまる
光のまいはねる(乱舞)も　渦なる虹もなすままにあればよい
それが済めば　そこは光の世ぞ　何もかも変わっておる
おのが姿はそこに転生しておるということじゃ

引用文の前半の部分は、「これまでの社会の崩壊」を示唆しているように思います。

今でこそスピリチュアル界の多くの方が同じようなことをおっしゃっていますが、東伯先生は25年以上前にメッセージを受け取っていたのです。

これまではお金や物といった物質が重要視される社会でしたが、それらがやがて崩壊することが腑に落ちました。

なぜなら、「魂の本当の望み＝物質を得ること」ではないからです。物質的な豊かさは幸せを感じられるツールではありますが、「魂の本当の望み」とイコールになるとは限りません。

大事なのは人の種じゃ　神の心を宿した人の種じゃ
人の美しい心がいるのじゃ　人の美しい声が結びゆく世じゃ
通じ合う世となるぞ　言の葉は多くはいらぬ

この言葉には、新しい世界での心の在り方が示されているのではないでしょうか。魂で生きることを示唆していて、「通じ合う世」とは、いわゆるテレパシーやチャネリングが日常になるということだと僕は解釈しています。何を思っているかを口にしなくてもわかってしまうから、美しい心でいないと、いろいろな意味で生きづらくなるのかもしれません。

これまでの慣れ親しんだ社会が崩壊し新しい時代に変わるとき、人々が迷うことのないように、「本来持っているはずの魂の輝きを取り戻しなさい」と伝えてくれているのではないかと、僕は受け取っています。

『土公みことのり』は、読む人によって受け取り方や解釈が異なると思います。東伯先生ご自身、「読む人それぞれが、それぞれの感性で受け取ってほしい」と、常日頃からおっしゃっています。

ここで僕の解釈を一方的に押しつけるつもりはありませんが、『土公みことのり』を読んでいると、**「天地ひっくりかえるように思える」ことが起こる**と受け止め、それに向けて準備をするためにも、**人それぞれが「魂の本当の望み」に気づくこと**が最重要であると、改めて考えさせられます。

あなたの「魂の本当の望み」は、何ですか？

多くの男性の力が必要！スピリチュアルと三次元のバランス

ここまで、さまざまな高次元からのメッセージをご紹介しました。今は、ＳＮＳや動画、書籍などのメディアを通して、メッセンジャーの方々のお話に触れる機会は誰にでもあり、誰でもそのメッセージを受け取れる時代です。

しかしそれに限らず、奥さんやパートナーなど、**日頃から関わりのある女性の感性や感覚、直感を受け入れられるかどうかが、これからの男性にとって非常に重要である**と、僕は考えています。

男性は、目に見えないものを受容する感性においては、女性に比して遅れています。これまでの時代はそれでも良かったのかもしれませんが、宇宙との共同創造がはじまるうえで、男性にも目には見えない世界への目覚めが求められます。

ここで改めてお伝えしておきたいのは、「見える」「聴こえる」などの霊能力が、必ずしも男性全員に必要だと断言したいのではありません。

現代の男性には、まずは「**スピリチュアルへの理解**」が最も求められており、また天もそれを望んでいるのだと思います。

天の意図を受け取るのが得意な女性（巫女の素養を持つ女性）

三次元を創造するのが得意な男性（論理的思考と現実を動かすのが得意な男性）

この両者の役割の違いを理解し、互いに受け入れていくことがとても大切です。

いつかはわかりませんが、きっと将来、三次元の活動について深く考えなくても、社会生活が送れるようになるのでしょう。つまりは、生活するためにお金の工面をしなくても良くなり、国も人も争うことはなく、この地球に生きるすべての命があますところなく幸せに暮らせるようになります。

おとぎ話のように思われるかもしれませんが、人々の霊性がもっと高くなれば、自ずとそうなっていきます。

しかし、魂の時代を生きるうえで、僕が最も大切にしていることがあります。これは、時代の変化の只中にある今だからこそ、最もお伝えしたいことです。

それは、**スピリチュアルと三次元の両輪を大切にする**こと。

つまり、スピリチュアルと現実的な生活とのバランスです。

ここまでに、天と繋がって生きることや、目には見えない世界への理解を求めておいて恐縮ですが、少なくとも今はまだ**新しい時代への移行期間中**ですので、スピリチュアルと三次元、どちらかだけに偏るのは賢明ではないと僕は思うのです。

たとえば、これまでのように宇宙の意図を無視して三次元世界を力づくで創り上げようとすれば、宇宙の流れに逆らうことになるので、これまでうまくいっていたことも、近い将来、うまくいかなくなるのは明白です。勝ち負けや競争にとらわれ、利他の精神がないものを、地球や宇宙が受け入れないからです。

逆に、スピリチュアルにだけ生きていればいいかというと、今はまだ危ういものがあります。

一番わかりやすい例として、お金を挙げてみましょう。

昨今、貨幣経済の崩壊などがスピリチュアル界でも囁かれています。貨幣経済が終わる未来があるからといって、今現在、貨幣経済が終わっていない以上、生活するために今日からお金がいらないかというと、そうではありませんよね。僕も含め皆さんは、この地球で、社会で、生活する一人の人間ですから、生活することを無視できないわけです。

お金がいらない生活をするのは無理、と言っているわけではありません。少なくともこれまでの貨幣経済が続かないことや、別のシステムに変わっていくと各方面で示唆されていることは間違いありませんし、加えて、各地でいち早く国家に頼らない自立したコミュニティをつくり、奮闘されている方々を僕は何人も知っています。そのような近い将来のライフスタイルを率先して体現されている方々は、これからどんどんお手本になっていくでしょう。

しかし、貨幣経済がどうなろうと、時代がどう変わろうと、完全移行するまではこの社会での生活は続いていきます。

つまり、**これまでの社会ともうまく付き合いながら、完全に魂の時代を迎え入れる準備**をしていただきたいのです。

よく言われていることですが、スピリチュアル界でいわれている教えの解釈を誤り、実生活とのバランスを取れず、逆に経済的に困窮してしまった方も中にはいます。これは特に女性に多いのです。

しかし男性は、これまでの三次元世界を中心になってつくってきた人たちですから、時代が変化しても適応しながら、スピリチュアルをうまく生活に落とし込んでいける潜在的な力が備わっているはずです。

これからの時代に先陣を切って活躍するのは間違いなく女性です。そしてその感性を受け止め、三次元世界を創ることができるのは間違いなく男性です。

天のメッセージに耳を傾け、人間として幸せな生活を送ることも大切にする……。

僕は、このバランスを取るのが得意なのはやはり男性だと思いますし、これができる男性がこれからの時代に切に求められると確信しています。

第４章

これからの日本と、魂の時代の男の在り方

魂の時代を生きる男性とは

スピリチュアルな世界をはじめ世間では「風の時代」と呼ばれたりしますが、本書ではこれから本格的にやって来る時代を「**魂の時代**」と表して、これまでのやり方が通用しない世界になることや、女性が中心になっていくことについて述べてきました。

特に男性の皆さんは、「じゃあ、具体的にどうすればいいんだよ！」と思われるかもしれませんね。その前に、ここで「魂の時代」についてもう少し言及したいと思います。

宇宙には大きな流れがあり、宇宙の一部である地球も、地球に暮らす人々も当然、その流れの中にいます。今の地球は転換期の流れの中にあり、三次元物質世界から四次元、五次元へと移行しようとしています。これを「**アセンション（次元上昇）**」といいます。

このアセンションの過程の中で、私たちが経験したことのないような現象が世界中で多く起こっています。それには流行病、戦争、飢餓など、暗くなる事象が多いのですが、これらの現象は、次の次元へ移行する際に持っていくことができない古い時代のもの（「波動」が低く次の次元に適応できないもの）を崩壊させるためのプロセスともいえます。

これまでは移行期間でしたが、いよいよ魂の時代になり、今までの価値観を大きく変化せざるを得なくなってきました。そうしないと、次の次元へ移行するこれからの時代に対応して生きていけないからです。

そこで多くの男性が、早急に取り組まなければならないことがあります。

それが、**スピリチュアルな感覚を身につけること**です。

魂の時代は、物質的なものよりも、「心」「魂」が中心になっていきます。同じ周波数の人同士が繋がり、幸せな世界を創造していく世界になります。しかも、三次元物質世界では考えられないようなスピードで実現していく世界になるのです。

これまで通りに競争や奪い合い、「魂の本当の望み」ではないことをし続けていると、とても苦しい時代になっていくでしょう。男性特有のエネルギーで創り上げてきたこれまでの世界の崩壊は、男性にとっては受け入れがたく、苦しいプロセスを経験するかもしれませんが、そこを乗り越えシフトできる人は「魂の本当の望み」を生きることができます。

ここからは〝ゆる天狗〟として僕なりに、魂の時代を生きるうえで意識すると良いことを綴っていきます。

これまでに頑張ってきた男性へのエールでもあり、「魂の時代に活躍する男性はきっとこんな男性だ！」と思う男性像でもあります。これを**「魂の時代の男の在り方」**と定義し、略して**〝たまだん〟**と呼ぶことにしました。

「強いものでもなく、賢いものでもなく、変化できるものだけが生き残る」

ダーウィンが言ったように、魂の時代への変

化に対応できる男性……つまり〝たまだん〟が少しでもこの世界に増えたらと祈りながら書いています。

魂の時代ですから、くれぐれも、肩に力を入れて読まないでください(笑)。

〝ゆる天狗〟が何か言っているな～という程度に、ゆるくお楽しみいただければ幸いです。

天命の見つけ方　～和を以て貴しと為す～

日本人は本当に勤勉な人種だと思います。常に新しい情報を得ようといつもアンテナを張っていますよね。会社員時代の僕もそうでしたが、特に自己啓発というジャンルに親しんで学んでいる方は多いのではないでしょうか。

おそらく多くの方が影響を受けている西洋成功哲学では、目標を達成するために計画的に行動を決め、日常に落とし込んで確実に実行していくことがいかに重要であるかを謳っているものがとても多いです。目標から逆算して計画を立て自力で成果を掴みにいくこの手法は、確かにある程度の成果を得られるのは事実です。特にお金などの数字を目標にしている場合は、たとえ達成できなくともかなり目標に近い結果が得られることもあります。

もちろん職人さんなど、ある一定の物事に対し計画的に進めるのが潜在的に得意な方もいますが、今日の日本社会で一般的になっているこの目標達成の手法は、書いて字のごとく「〝西洋成功哲学〟」ですので、必ずしも日本人の特性に即しているとはいえない部分があります。なぜならこの手法は、経済を中心に回る社会の中では必ずといっていいほど競争を生むからです。職人さんが作品をつくるために計画的に順序よく進めるのとは訳が違います。

高度経済成長期以降の叩き上げの時代を創り上げてきた方々は、競争を勝ち抜くために「気合いで乗り切る」ところがあったと思います。その力があったからこそ創られた社会がありましたし、男性にはそういった底力を発揮する瞬間が必要でした。

大きな夢、理想の自分を追いかける原動力として、「西洋成功哲学」は一昔前の時代ではとても意義あるものだったように思います。
しかし、これを実行し続けて疲れ果ててしまった人が大勢いることも事実です。ある程度の成果を手にし、多くの財産を得たのに幸せを感じられない人にもたくさん出会ってきました。

日本人でも、競争の中で目標を達成するのが純粋に好きな人もいるでしょう。それをモチベーションにできる方は良いかもしれませんが、喜びや幸せがそこにはなかった、という人が多いのも事実なのです。

「**以和爲貴、無忤爲宗**」

これは聖徳太子が制定した十七条憲法の有名な条文で、「和をもって貴しとし、忤(さから)うこと無きを宗(むね)とせよ」といいます。

「仲良くしなさい」という意味で一人歩きしている言葉ですが、前後の文脈もありますので本来の意味は少し違います。また、十七条憲法という特異性を持つことから、聖徳太子が伝えたかった本来の意味はもっと深いものだったのではないかと理解しています。

さまざまな解釈がなされていますが、「派閥や党派に分かれ、対立を深めるようなことを行なってはいけない。〝和〟という状態をつくり、納得いくまで話し合いをしなさい」という意味が、僕は一番しっくりくるなぁと思っています。

西洋的な社会の創り方が残念ながら対立を深め、人々を競争に掻き立ててきたように思います。そこにうまく適応できた人たちは別として、前述したように疲れ果ててしまった人たちがいることを鑑みると、〝和〟という状態をつくることができる日本人の良さを、これまでの社会では忘れてしまっていたのだと思います。

日本人というのは本来、人と競争をすることで自己実現をしていくというよりも、和の心を持って協力し、与え合うことに喜びを感じる人種です。目の前の人が喜ぶことをして、結果的に自分のミッションが明確になっていくような「**天命追求型**」の生き方が向いているように思います。

この「天命」とは、何度も登場している「魂の本当の望み」でもあります。

「**以和爲貴、無忤爲宗**」

僕はこの言葉に日本人の精神性を見いだしています。聖徳太子が大切にせよと掲げた和の心は、日本で生まれ育った日本人なら誰でも持っていると僕は信じていますし、スピリチュアル云々以前に「天命追求型」の生き方が合っているのですから、**天を意識しながら生きることは本来、日本人なら自然とできるはず。**

「俺の天命って何だ？」と頭で考えなくても大丈夫です。

「和を以て貴しと為す」ことで、見つかっていきますから。

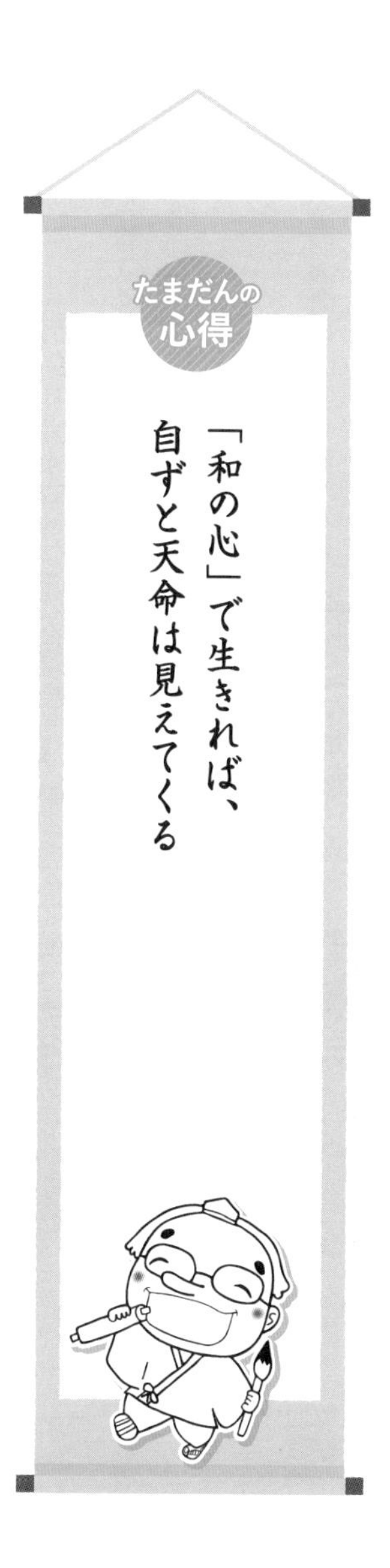

天命の見つけ方　～人生を俯瞰し「死」を意識する～

「魂の本当の望み」「天命」などと何度も書いてきましたが、そもそもそれって一体、何なのでしょうか？

個々人の天命については、スピリチュアルなメッセージをお伝えくださるメッセンジャーの方々にうかがってみることもできますし、スピリチュアルに特化していなくてもコーチやカウンセラーなど、さまざまな方の力を借りて、ご自身の生きたい道を拓いていくことができます。

しかしまず大切なのは、**自分で自身の人生の意味に気づくこと**です。外に答えを求めるのではなく、**自分の内側**に答えを探してみましょう。

第2章で、僕の半生を書いてきました。ここで改めてざっくりと、僕の人生の流れを書いてみましょう。

幼少期から虚弱、病気　↓　突然の寝たきり生活　↓　東洋医学、自然環境下での統合医療を体験　↓　社会的弱者の立場を経験し、国に頼らない社会の重要性に気づく　↓　自然の中で助け合えるコミュニティの創造に奔走

僕の場合、この人生で病弱だったことが非常に大きな糧であり、財産でもあります。病気にならなければ健康やあらゆる治療法、自然環境に興味はなかったかもしれず、痛みや精神的なツラさへの共感はできなかったかもしれません。これらの経験があるから、健康や環境の分野で役に立ちたいと思えますし、同じように困っている方へ僕の知っていることを少しでも提供したい、より良い社会にしたいと思えます。

よく言われることではありますが、どんなにツラいことでも、どんなに理不尽に思えるようなことでも、人生に無駄なことはひとつもありません。**人生をシーンではなくストーリーで見てみる**と、「自分の人生にどんな意味があるんだろう」と、俯瞰することができます。

小さい頃からやりたいことに没頭し、ずっと幸せな人生だと感じている方もいれば、一方で波乱万丈で大変な思いをされてきた方もいらっしゃるでしょう。

もし今、苦しい環境下にいる人であっても、その経験から人を幸せにできる、誰かのお役に立てる何かが、きっとあるはずです。

人生を振り返り俯瞰してみると、あなたの「魂の本当の望み」に繋がる経験をしていることに気づきます。一度ゆっくりと、ご自身の人生をストーリーで感じてみてください。

それでもピンとこない……という方は、無理矢理答えを出す必要はありません。代わりに、次の言葉が処方箋になるかもしれません。


私は、ビジネスの世界で、成功の頂点に君臨した。

他の人の目には、私の人生は成功の典型的な縮図に見えるだろう。

しかし、仕事を除くと喜びが少ない人生だった。

人生の終わりには、富など、私が積み上げてきた人生の単なる事実でしかない。

病気でベッドに寝ていると、人生が走馬灯のように思い出される。

私がずっとプライドを持っていたこと、認証(認められること)や富は、迫る死を目の前にして色あせていき、何も意味をなさなくなっている。

この暗闇の中で、生命維持装置のグリーンのライトが点滅するのを見つめ、機械的な音が耳に聞こえてくる。

神の息を感じる。死がだんだんと近づいている。


今やっと理解したことがある。


人生において充分にやっていけるだけの富を積み上げた後は、富とは関係のない他のことを追い求めたほうが良い。もっと大切な何か他のこと。それは、人間関係や、芸術や、または若い頃からの夢かもしれない。

終わりを知らない富の追求は、人を歪ませてしまう。私のようにね。

神は、誰もの心の中に、富によってもたらされた幻想ではなく、愛を感じさせるための「感覚」というものを与えてくださった。私が勝ち得た富は、（私が死ぬ時に）一緒に持っていけるものではない。私が持っていける物は、愛情にあふれた思い出だけだ。これこそが本当の豊かさであり、あなたとずっと一緒にいてくれるもの、あなたに力をあたえてくれるもの、あなたの道を照らしてくれるものだ。

愛とは、何千マイルも超えて旅をする。
人生には限界はない。行きたいところに行きなさい。望むところまで高峰を登りなさい。全てはあなたの心の中にある、すべてはあなたの手の中にあるのだから。

世の中で、一番犠牲を払うことになる「ベッド（賭け）」は、何か知っているかい？　シックベッド（病床）だよ。あなたのために、ドライバーを誰か雇うこともできる。お金を作ってもらうこともできる。だけれど、あなたの代わりに病気になってくれる人は見つけることはできない。

物質的な物はなくなっても、また見つけられる。


しかし、ひとつだけ、なくなってしまっては、再度見つけられないものがある。

人生だよ。命だよ。


手術室に入る時、その病人は、まだ読み終えてない本が１冊あったことに気付くんだ。

「健康な生活を送る本」

あなたの人生がどのようなステージにあったとしても、誰もが、いつか、人生の幕を閉じる日がやってくる。


あなたの家族のために愛情を大切にしてください。

あなたのパートナーのために、あなたの友人のために。

そして自分を丁寧に扱ってあげてください。

他の人を大切にしてください。

これは、アップルの創業者スティーブ・ジョブズがその最期に遺したとして、たくさんシェアされている言葉です。本当に彼が発した言葉なのか真相は明らかではありませんが、この言葉を読んで胸に迫るものを感じる男性は多いのではないでしょうか。僕の経験上、男性のほうが圧倒的に富や名声を得て成功することに幸せがあると思ってしまいやすい。僕も男性なので共感できますが、この言葉を読んでいるととても切なく感じられます。

日々の暮らしの中で、人はどうしても忘れてしまうことがあります。たとえば、「**人はいつか必ず死ぬ**」ということです。

僕が30代の頃でした。
深夜に国道を運転していたところ、居眠り運転の大型トラックが、時速100kmを超えるスピードで反対車線に飛び出し、僕の車と正面衝突したのです。
「あっ！ 死んだ！」

そう叫んだ瞬間、「グシャグシャ！」という凄まじい音と衝撃に包まれました。傾いてぺしゃんこになった車の中の、運転席と助手席のわずかなスペースに挟まっていた僕は、なんと無傷だったのです。助けにきた人たちは口を揃えて「奇跡だ！」と言っていました。

あの時、僕の命が終わっていた可能性は１００％に限りなく近かったでしょう。今でも「あの事故で命がなかったかもしれない」と考えることが時々あります。その度に、生かされた命は本当におまけみたいなもの（思いがけない幸運）だと思い出します。

だからこそ、できるだけ楽しく、みんなで笑って生きる人生にしたいと、僕は本気で思うのです。

社会教育活動を実践する伊勢修養団で道場長を務めていた中山靖雄さんは、著書の中でこうおっしゃっています。

すべてをよしにするのは時間がかかることもあります。それでも、この出来事はいいことなのだと決めることが大切なのです。

（『すべては今のためにあったこと』中山靖雄著／ヴォイス）

事故そのものが良かったとは思えないので、「この出来事はとてもいいこと」だと表現するのは語弊がありますが、僕はあの事故で「大きな何かに守られている」ことに気づき、そして同時に、「人はいつ死んでもおかしくないんだ」と痛感……文字通り「痛いほど感じた」のです。
「気づきを与えてくれた」という意味では、あの事故は僕にとって必要な経験でした。

僕の仲間の中には死の淵を体験し、生還した人が何人もいます。そういった人は皆、その体験を機に生き方を変えている、いえ、生き方が変わってしまったという人ばかりです。
「人はいつ死ぬかわからない」ことを、身を持って体験するので、生き方を変えずにはいられないのです。病気や死の淵を誰もが体験する必要はまったくありませんが、「死」について一度でもいいから真剣に向き合うことで、大いに生き方は変わると思います。

もし、あなたが半年後に死んでしまうとしたら、今の生き方を続けますか？

「このままで良い」と思えない人は、少し立ち止まって考えてみてください。

今、生きていることは、当たり前ではありません。

繰り返しますが、病気や死の淵を誰もが体験する必要はまったくありません。しかし、「死」を意識することで、あなたの人生は**今この瞬間から**変えることができます。

あなたの人生をストーリーで見てみてください。

自ら進んで取り組んできたこと、嫌々やらされてきたこと、自分の意思で選んだこと、自分の思い通りにいかなかったこと……そのすべてに意味があります。

あなたがこれまでしてきたことの中に、あなたの才能が隠れています。あなたがこれまでしてきたことは、これから誰かの役に立つはずです。

あなたが今日まで生かされているのは、あなたを、魂の時代が求めているからです。

あなたの魂は、この時代にこの地球へ、何をしに来たのでしょうか？

たまだんの心得

人生をストーリーでとらえればすべては「よし」になり、人生の意味に気づき、魂で生きられる

誰もが今この瞬間、「幸せ」です

「知足(ちそく)」という言葉があります。これは文字通り、「足るを知る」という意味です。

幸せに生きるとは、「今この瞬間、目の前の幸せ(すでに与えられている幸せ)に気づくこと」

から始まります。過去を悔やまず、未来を悲観せず、今この瞬間の幸せを感じること。究極、これだけできたら良いとさえ、僕は思います。

「目の前の幸せ」とは、誰かに認められたら幸せ、お金を持ったら幸せ、愛されたら幸せという条件付きの幸せではありません。

「**無条件**」です。

それなのに、どうしても利益を得ることや誰かに勝つことに夢中になり、それがいつしか目的になり、大切なことを忘れてしまいます。前述したジョブズは、そのことを死の淵で悔いたのかもしれません。

どうして人間は今この瞬間、目の前にある幸せに気づけなくなってしまうのでしょうか？

人間には、不安や恐れという感情が備わっています。これは命に関わるような危険を察知するために備わっている機能であり、本当に危険なときにはブレーキになってくれる、生きていくために必要な機能でもあります。獰猛な野生動物に遭遇したとき、不安や恐れなどの感情が命の危険を知らせますが、これは生物として正しい反応です。

しかし、競争社会の中で生まれた承認欲求や、お金持ちになることだけが幸せであるなどのネガティブな洗脳が、過剰な不安や恐れを生むようになりました。会社で評価されない自分を同僚と比べて不安になる、収入が少ないことで過剰に未来を恐れるなどの反応により、本来の自分とはかけ離れた「エゴ(自我)」がつくられ、エゴが「幸せに生きる」ことのブレーキとなり、自分で自分を苦しめてしまいます。これらは人間に備わっているネガティブな感情が誤って誘発された結果です。

つまり、安全に生きるために必要最低限発動されるべき不安や恐れといった感情という機能は、現代では一人ひとりが「幸せに生きる」ことへのブレーキとして発動してしまい、目の前の幸せを見失っているのです。

人が不幸になる原因の多くは、誰かがつくった価値観に自分を照らし合わせ、エネルギーを浪費してしまうことにあります。

そうしてつくられた自分の中にある「こうあるべき」「こうするべき」というとらわれや、不要な不安や恐れは、現代を生きる僕たちには多かれ少なかれ誰の中にもあるものです。不安や恐れなどの感情を悪とするのではなく、まずは自分を生きづらくさせているエゴに気づき、気づいたら手放して、「幸せを感じることができる本来の自分」に戻していけばいいのです。

どうやって戻していけばいいのか？

そのヒントが「知足」にあります。

この社会の中では、お金が最も大切なもののように勘違いをしてしまうことがあります。しかし物事を極端に考えてみると、この勘違いに気づくことができますので、一緒に考えてみてください。

たとえば、「あなたの片目を1億円で売ってください」と言われたら、あなたは売りますか？「片腕を3億円で売ってください」と言われたら？「片足を10億円で売ってください」と言われたら？

あなたは売りますか？

僕は、絶対に嫌です。

おそらく、ほとんどの方が売らないと思うのですが、どうしてでしょうか？

それは、**自分という存在は唯一無二であり、お金という価値基準に当てはめられない**ことを、本質的に理解しているからです。

あなたの片目は間違いなく1億円以上の価値があります。それどころか片腕も、片足も、値段を付けられないでしょう。値段を付けられない一つひとつのパーツでできたあなたという存在をあえて数字にするなら、数百億円でも足りないくらいの資産です。

大事なことは、生まれながらにこんなに素晴らしい財産を持って生きている、という事実があることです。

僕たちには両親がいて、両親から遺伝子を受け継ぎます。一組の両親から生まれる子どもには、70兆通りの遺伝子の組み合わせがあります。つまり、70兆分の一の確率で、一人のあなたという人間が生まれるのです。また、両親のどちらか、あるいは祖父母、曾祖父母と遡っていって、どこかで一人でも違う人だったら、今のあなたは存在していません。

これだけでもいかにあなたという存在が奇跡的な存在であるかがわかります。

つまり、あなたは**生まれてきただけで、ものすごく天文学的で途方もない奇跡を成し遂げて**

いるのです。

ちなみにこれは、1億円の宝くじを100万回連続で当てる確率と同じだと聞いたことがあります。

人知を超えたとんでもなくラッキーで希少な命をいただいたうえ、想像を超越したお金にも代えられない財産までいただいて、あなたは生きているのです。

明石家さんまさんがおっしゃっている「生きているだけで丸儲け」とは、まさにこのことだと思います。

つらいこともあるけれど、こうやってご飯を食べられて幸せ。
思いがけず綺麗な景色を見られて幸せ。
雨風凌げる家があって、布団で寝られて幸せ。
家族がいて、友達がいて、仲間がいて、幸せ。

どんなに不安や恐れに苛まれても、生まれてきただけで奇跡だという事実や、今この瞬間、目の前にある幸せを思い出す習慣をつけると、日常が幸せに満ちていることに気づき、「幸せな人生だ」といつでも確認することができると思います。

不安になることがあっても、恐くなっても、せめて寝る前だけは思い出しましょう。「嫌なことがあったけど……今日もごはんを食べられたから、幸せな一日でした」と。

うまくいかないときは、止まってみる

皆さんは、普段どんなお仕事をされているでしょうか？

職業によって仕事の進め方も違いますし、その人の個性や性質によっても違います。それぞれに心がけていることがあると思いますが、営業一筋の僕は最近までずっと、いわゆる「マグロ」でした(笑)。

「今月の目標を達成するためにどのような計画を立てて行動すればよいか？」と常に考え、止まったら死んでしまうマグロのように動きまくってきたのです。

それは起業してからも変わらずで、「この在り方こそが営業！」と思い込んでいたのですが、うまく事が運ばない経験が時折ありました。

実は「うまくいかない」ということは、「あなたの進む道はそっちじゃないよ！」「そのやり方は違うよ！」という**天からのお知らせ**です。

うまくいかないとき、僕が師匠だと思っている何人かの先輩方から、「山本さんは、〝止まる〟を覚えたほうがいいよ」という言葉をかけてもらいました。複数人の、しかも尊敬する方々から同じことを言われ、これはとても重要なメッセージだと頭ではわかっていたのですが、当時の僕には止まることがなかなかできませんでした。

なぜなら、営業マンにとって〝止まる〟とは、「怠けている」「さぼっている」という感覚があったからです。

相変わらずマグロのように動き続ける中で、何度か体調が悪くて動けないことがありましたが、回復すると「動ける日に挽回しよう！」と、いつもよりもさらに動こうと躍起になりました。これは無理して「頑張っている」状態です。

するとある日、足を大怪我して物理的に動けなくなりました。さらにパソコンが動かなくなるという二重苦に……。

どうしようもないので観念し、開き直って止まってみたところ、それまで動いても動いてもうまく運ばなかった仕事が、すべて流れるようにうまくいくではありませんか！

「今までの努力は何やったんやろう?」と思うほど、止まったほうが簡単にうまくいったのです。

僕は師匠から「**無為自然**」という言葉を教わり、この言葉をいつも意識しています。

「無為自然」とは、作為がなく本来のままであることを意味し、また「作為」とは、手を加えることです。僕は目に見えない存在が見えたり聴こえたりしないので、天が誰かの口を通してメッセージを伝えてくれることが多いのですが、師匠たちからの「止まりなさい」という言葉に素直に耳を傾け止まることが、本来ならば「無為自然」でした。

しかし、「がむしゃらに動いてさえいれば突破口が見つかるだろう」と頑張って動き回ったことが「作為」になったのです。

営業という仕事の特性上、マグロのように動き回るのはある意味で仕方のないスタイルではありましたが、「体調が悪くなる」という事象が起こっているにもかかわらず止まらなかったため、足の怪我という形で強制ストップを余儀なくされたのです。

これは紛れもなく、「いい加減に止まりなさい!」という天からのメッセージの表れでした。

「魂の本当の望み」に気づき生きていくとき、天からのメッセージをキャッチすることはとても大切です。その際、作為的に考えたり行動に移すことは、天が示す道から大きく逸れてしまうことがあります。

「無為自然」とは、「何もしなくていい」という意味ではなく、天が示してくれる道を信じ、人の思考を変に入れたりしないでありのまま受け入れ、その中でできることをしながら進んでいくことだと、今ならわかります。

日本電産株式会社の会長である永守重信さんも、「順調な時ほど立ち止まる勇気を持て」とおっしゃっています。男性は特に立ち止まるのが苦手かもしれませんが、今日からマグロのように無理して動き続けるのをやめてみましょう!

大丈夫です。意外と心地良く生きられますよ(笑)。

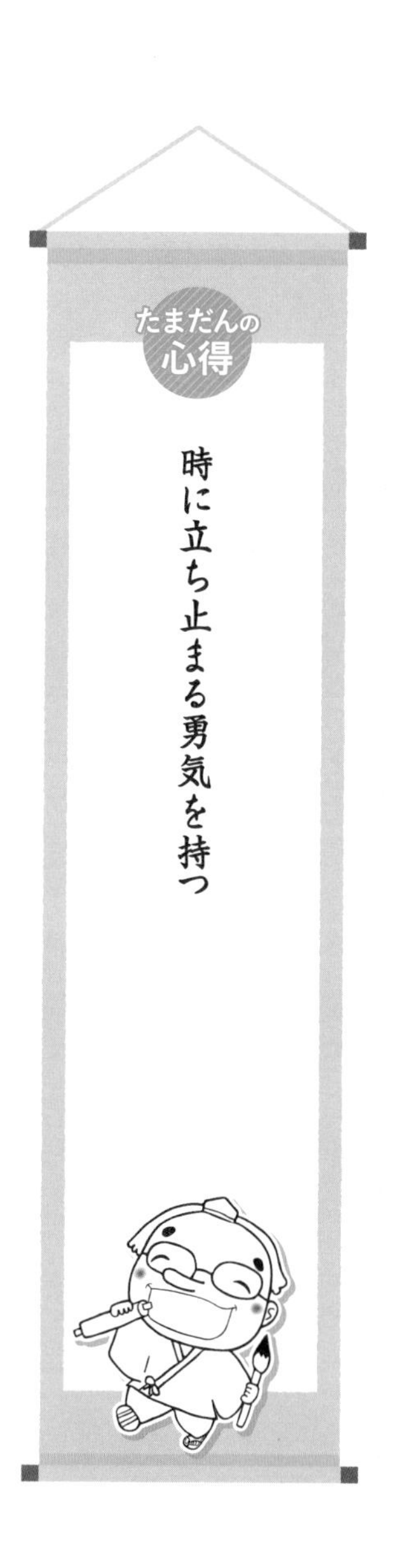

天からのメッセージって何？

「あ、あれ食べたいなぁ」

食べることが好きな僕は、ふと、こう思うことが多々（いや、毎日）あります。

昔、友人と歩いているとき、「鮎の塩焼きが食べたいなぁ」とつぶやいたことがあります。住宅街を歩いていたので、鮎の塩焼きが食べられるようなお店はもちろんありませんでしたが、しばらく歩いていると、通りかかった家の前で見知らぬ男性に声を掛けられました。

「おっ、兄ちゃんたち、鮎食べて行かへんか？」

その男性はバーベキューをされていたんです。まさか、「鮎の塩焼きが食べたいなぁ」とつぶやいたわずか数分後に、本当に鮎の塩焼きを食べることができたなんて、という何とも笑える思い出話です。

たとえば、ふと思い浮かんだ人から電話がかかってくるというような現象も、この思い出話と似ています。

このように、ふと思ったことが現実に起こったりすることを、「**シンクロ**（シンクロニシティ）」と呼びます。

「偶然の一致」とも呼ばれますが、**天がメッセージを送る**ときに使う手法でもあります。

一年の半分程度しか登校できなかった小学5〜6年生の頃。喘息がひどかった僕は、一時的に祖母の家に滞在していました。祖母の家は、京都市北区にある船岡山の麓にありました。船岡山は地下鉄烏丸線「鞍馬口」駅が最寄り駅。駅から船岡山へつづく鞍馬口通沿いには、「船岡温泉」という銭湯があります。鞍馬に移住してから思い出したのですが、大正12年（1923年）創業のこの銭湯には祖母と一緒に来たことがあり、当時のことや祖母を懐かしんでいました。

ある時、リトリートで鞍馬に来られた方々に船岡温泉をご案内すると、「天井に天狗がいる！」とおっしゃるではありませんか。何度も利用しているのに気づかなかった僕も天井を見上げ、「ほんまや！　天狗さんやん！」と声を上げました。船岡温泉の天井には、なんと鞍馬天狗と牛若丸をモチーフにした彫刻が施されていたのです。

鞍馬口と名の付く場所に祖母が住んでいたこと。祖母と一緒に行った銭湯に天狗さんがいたこと。

僕はこれを、まるで小さい頃から〝ゆる天狗〟になることが決まっていたかのような、天からのメッセージだと感じたのです。

これらは紛れもなくシンクロであり、第1章で述べた〝猿田彦現象〟も同様ですが、何度も人から言われることや何度も目にする数字などもシンクロである可能性が高いです。

このように、**日常に起こる些細な出来事の中に意味を見いだす習慣を身に着ける**と、天からのメッセージに気づいたり、いつの間にか導かれていることがあります。

しかし、「最近よく耳にするなぁ」と思う言葉があったとしても、シンクロに対して半信半疑の男性は、「ただの偶然」で片付けてしまうかもしれません。これはもったいないことです。

そんな半信半疑の男性におすすめなのは、「**3回見聞きしたら受け入れる**」です。

僕は日々いろいろな方とお会いする機会がありますが、どこへ行っても連続して同じ地名や特定の場所の話になることがあります。実際、僕が体験した例をお話ししましょう。

東京都八王子市にある「高尾山」という名所の名前を、一時期やたらよく聞いていました。「これはメッセージやなぁ……」と認識しながらも、「ちょっと東京は遠いしなぁ。今忙しいし」と、実は5回ほど話題になっていたにもかかわらず無視していました(笑)。

ある日、「山本さんにご紹介したい方がいるんです!」と、アポイントなく突然ＫＵＲＡＭＡ

ＨＯＵＳＥに来てくださった演奏家の方が、ご厚意でその場で演奏してくださいました。僕はあまり泣けないことで有名なのですが、その演奏は開始から早々に自然と涙が流れてくるほど、本当に素晴らしい演奏でした。

「普段はどちらでご活躍されているのですか？」とうかがうと、

「普段は高尾山の近くに住んでいます。今度いらしてください、ご案内しますよ」

とおっしゃるではありませんか……。

僕はこの言葉を聞いた瞬間、「あぁ、ついに現地からお呼び出しに来られた！」と思い、観念してすぐに高尾山へ行きました（笑）。

のちにわかったことでしたが、京都の鞍馬山、東京の高尾山、そして僕が高尾山に行く一週間前に訪れていた群馬の迦葉山（かしょうざん）という３つの山は、「日本三大天狗」と呼ばれる天狗さんたちが祀られている場所だったのです。

行くまでは「高尾山」というメッセージしかなく、ただ僕は、「これはメッセージなんや」と信じて現地に行くしかありませんでしたが、この一連の流れにはやはり意味がありました（書くと長くなるので割愛しますが、やはり天狗さんに呼ばれていたようですね)。

もし、皆さんが僕の立場だったらどう思われるでしょうか?

「なぜ高尾山なのか?」「わざわざ行かないとダメなの?」「いやいや遠いよ……」など、左脳的にあれこれ考えてしまうでしょうか。

しかし論理的に考えて答えが出ないものを変に憶測してしまうその思考が、「作為」となって邪魔をしてしまい、せっかくの天からのメッセージを台無しにしてしまうのです。

僕が「高尾山」というメッセージを5回ほど無視してしまったのは「作為」です。悪い見本のあとで説得力がないかもしれませんが(笑)、いつもの僕は3回メッセージが来たら受け入れるように、なるべく意識しています。

ここでいう「受け入れる」とは、「高尾山」のように特定の場所であれば現地に行ってみるとか、「333」のようなゾロ目をよく見るなと気づいたら、数字が持つ意味を調べてみる、などです。

僕は幸いにして「また高尾山や!」のように、シンクロが起こると面白がることができるようになったので、いつも楽しんでいます。

もちろん、「高尾山」のような特定の場所の場合は、現実的に距離などの問題もありますので、「何が何でも行かなければ！」と気負う必要はありません。「なんだか最近よく聞くから、今度の休みにでも行ってみようかな〜」という気楽さで、まずは受け入れて行動に移してみてください。

大丈夫です。僕が現地から呼び出されたように、本当に必要なことであれば天からのサポートが入り、スムーズに導かれていくはずです。

「天と繋がり生きること」を意識していれば、導かれますよ。

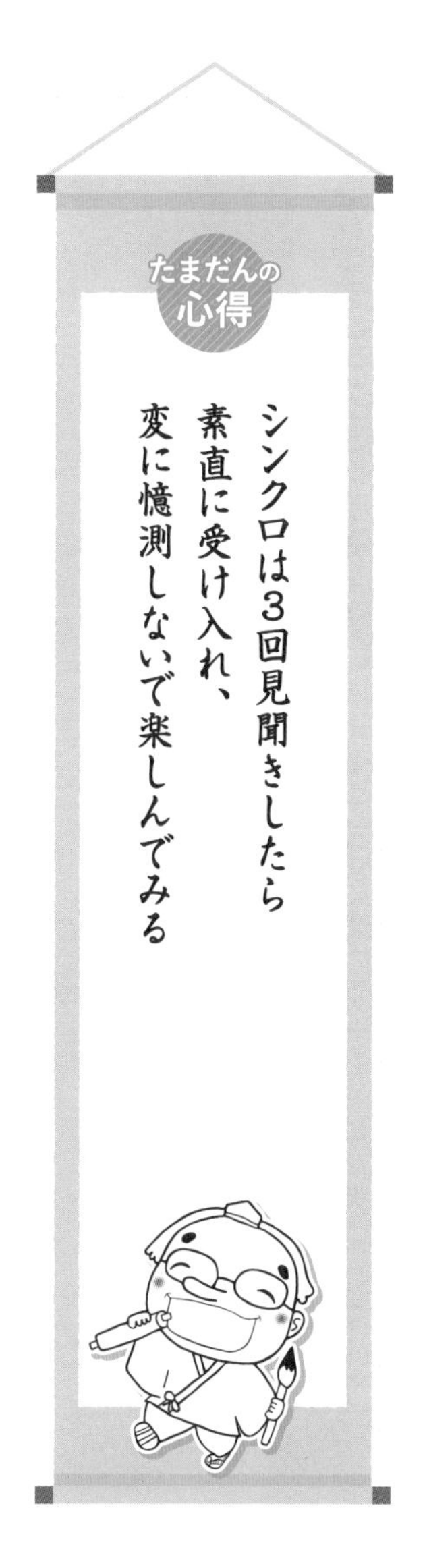

魂の時代の女性との付き合い方

魂の時代は、女性が中心の時代です。

この新しい時代の転換期にワクワクするとはいえ、火星人と金星人くらい違う生き物といえるほど、男性と女性は思考も行動も違いすぎますから、真剣に女性の話を聞こうとすると、「何を言うてるのかわかれへん……」と思うことが多々あるという男性も多いのではないでしょうか。

僕はよく女性の方々から、「女子会にいても違和感がないですよね」と言われます。この一文で男性の皆さんにどう思われるか少し不安ですが(笑)、この言葉は「話しやすい」という意味で褒め言葉だと受け取っています。女性が気兼ねなく話せる空間の中に僕という男性がいても違和感がないというのは、「自然体で話せる」という意味では素直に嬉しいことです。

僕は、自分では外見も中身も決して中性的なわけではないと思っていますし、むしろ親しい人たちからは「とても男性的だ」と言われるため、本来ならば僕が女子会にいたら違和感があるはずなのです。

それなのになぜ、「女子会にいても違和感がない」と言われるのでしょうか？

それは、女性の直感的な感性やスピリチュアルな能力を、僕が**受け入れているから**だと思います。

たとえば、「最近、こんなにシンクロが起こっているんです！　すごくないですか⁉︎」と女性に言われたとき、戸惑う男性も多いと思います。男性の中には、「すごいですね」と言いながらも本心では「何がすごいねん？」と全く理解できなかったり、「そういうことってあるんですね」と答えながらも、内心では「ただの偶然やろ」と処理していたり、「へえ……」と、特に興味を示さない方もいますよね。

女性の感性や感覚を、「なぜ、こう思うのだろう？」と論理的に分析してしまうとドツボにハマり、理解しようとすればするほど、哀しいかな、男性の僕たちには理解ができません（笑）。

そんなときに思い出してほしいのは、女性を敬う気持ちです。

先ほど引用させていただいた、中山靖雄さんの著書の中ではこう語られています。

大変な時代には必ず女性が力を発揮してきました。

いつの時代も本当の強さを持つ女性を尊敬しながら、男性は女性に立ててもらって活躍してきたのです。

時代が変化するときには必ず女性が活躍してきたという事実は、「女性は強い」という何よりの証拠ではないでしょうか。

「男だから強くなければならない」という錯覚に多くの男性はとらわれていますが、僕も皆さんも、「母親」という女性から生まれました。女性は無条件に大きな愛を持ち、子を育むことができる存在です。これは勝ち負けではありません。女性には最初から圧倒的に敵わないのですから。

僕も男性なので、女性の受け取り方や感性は、当然自分とは違うと感じます。もちろん時には「何を言いたいのかほんまにわかれへん……」と思うこともありますが(笑)、それでも「そういうこともあるんやろうなぁ」と、女性を敬う気持ちでありのまま受け取ることを意識しています。

僕がこのように意識していることを、きっと女性は〝感覚的〟に理解していて、「この人には話しても大丈夫」と思われ、いろいろなお話をしてくださるのではないかと理解しています（もし違っていたら女性の皆さま申し訳ないです）。

ある方がおっしゃっていました。

「〝女性〟の〝口〟から〝来た〟言葉と書いて〝如来〟と読みます。だから、女性の口から出た言葉は、神さま仏さまの言葉だと思って聞くようにしています」

これを聞いた僕は、「なるほど！」と感動しました。

このように、**男性が女性の感性を少しでも受け取ろうとすること**が、〝たまだん〟には必要不可欠だと思います。女性の言っていることがよくわからなくても、「あなたはおかしなことを言っている」と切り捨ててはいけません。

論理的に理解するというよりはまず、ありのまま、女性の言葉を受け入れてみてください。

「そう思ってるんやなぁ」「男の俺とは感じることが全然違うんやなぁ」と、まずは違いを認めることからでいいので、意識してみてください。

女性が何かを見て「可愛い！」と言っていたら、たとえ男性にとって「どこが？」と思うものであっても、それは間違いなく「可愛い！」のです（笑）。女性が「シンクロ！」と喜んでいたら、そこに論理的な根拠がなくてもそれは間違いなく「シンクロ！」なのです。

女性の楽しんでいる姿を見たとき、一緒になって楽しめるくらいのゆるい気楽さが、これからの時代を生きる男性には必要なのかもしれません。

……と、偉そうなことを言っておきながら僕もできていませんので、皆さんと一緒に日々精進していきたいと思います。

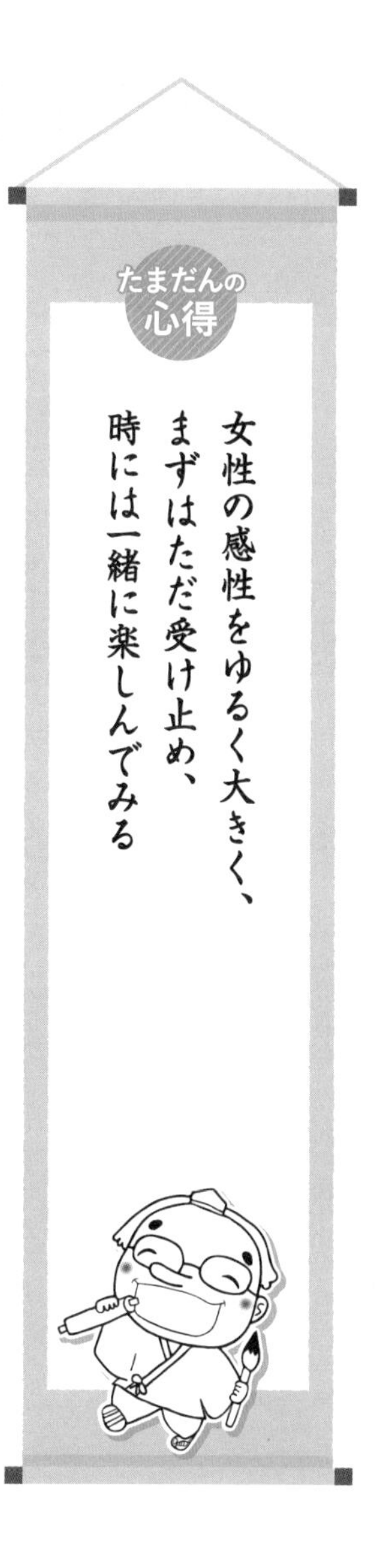

天からのサポートを受けられる人ってこんな人

「移住することになりました！」

ＫＵＲＡＭＡ ＨＯＵＳＥを運営していた頃、お会いして数日以内にこのようなご連絡をくださる方があとを絶ちませんでした。

新しいご縁に恵まれてさらにご活躍されていく流れになったり、あるいは悩んでいた人間関係に突然終止符が打たれ新たなお導きがあったりと、書き出したらキリがないほど、とにかく人生が激変するような出来事が、KURAMA HOUSEを訪れた多くの方に起こったようなのです。

これは第3章で述べた通り、「魂の再会に来られた方々の再配属」の表れであり、僕はこのようなお知らせをとても嬉しく思っていました。

来られた方たちが、瞬く間に変化していくのを目の当たりにしたことで、

「本当に天は、**本人がその魂のお役目に気づき、受け入れ、天と生きていく覚悟ができたとき、ちゃんと必要なものを授け、進むべき道へと導くんや！**」

と確信しました。

たとえば、KURAMA HOUSEを訪れた方の中に、淡路島に移住されたBさんがいました。

「淡路島を幸せの島にしたいんです」「自給自足をしたいので、畑でもあったらいいなと思うん

です」とお話しされていたBさん。

すると、翌日お越しになったCさんが、なんと東京から淡路島に移住された方で、「畑をやっていたら、ご近所の方から次から次へとうちの畑もやってくれと言われ、畑だらけになって困っているんです……」とおっしゃるではありませんか！

僕はこのおふたりをすぐにお繋げし、双方、大変喜ばれていました。

ＫＵＲＡＭＡ　ＨＯＵＳＥは出会いの場であったと書きましたが、このようなことが本当にたくさん起こりました。

道が拓かれていく方々を見ていた僕〝ゆる天狗〟が思う「天からのサポートを受けられる人」の共通点は、**「魂の本当の望み」に気づいている**ことです。

もちろん、かつてはお金や社会的な成功のために働かれていた方もいたと思います。それはこれまでの社会を生きるうえで仕方のないことでした。いつしかお金をたくさん稼ぐことや物質的に豊かになることが目的になり、「どうやってお金を稼ぐか」ばかりを考え、それこそが「幸せ」だと〝思い込んでいた〟方もいたと思います。

このように、本来の魂の望みとは違う道を歩むプロセスを経て、「そこに幸せはなかった」と、多くの方が口を揃えておっしゃいます。

物質的な豊かさを否定しているわけではありません。もちろんお金のことは大切だと思います。

僕が言いたいのは、特にお金については、

「やりたいことを叶えるための選択肢を増やしてくれるが、お金そのものは魂の幸せには直結しない」

ということです。

お金のため、世間のいう社会的成功のため、ということではなく、

「みんなが喜ぶものをつくりたいんです！」

「みんなの笑顔のために、こんなことをしたいんです！」

のような、「魂の本当の望み」に気づいた方が天からのサポートを受け、必要な人との出会いや場所を与えられていくのです。

ここで注意していただきたいのは、「**決して自己犠牲はしない**」ということ。

先ほどもご紹介した中山靖雄さんは、著書でこうおっしゃっています。

大きな和をもってそこに喜びを感じるのが日本人なのです。人様が幸せになってくれたら自分は嬉しいという思いは、自己犠牲ではなく、「喜び」が根幹を成している。

「〝みんな〟が喜ぶものをつくりたい！」のような素晴らしい魂の望みの中には、当然「自分」も含んでいます。ですから、自分が楽しくできる範疇で誰かの役に立てたら充分です。

「魂の本当の望み」を自覚し天からのサポートを受けながら、しかし決して自己犠牲はしないでください。疲れた時はゆっくり休んでエネルギーをためて、また動き出せば良いのです。

天は惜しみないサポートをくださいますが、あなたが幸せであることも、もちろん求めていますよ。

たまだんの心得

「魂の本当の望み」を自覚すれば、天は惜しみなくサポートしてくれる

遅れているのは不登校の子どもか？ 教育か？

ＫＵＲＡＭＡ ＨＯＵＳＥには、「うちの子、不登校なんです」というお母さん方がたくさんいらっしゃいました。「学校へ行く意味がわからない。だから行かない」というお子さんたちのお話をたくさん聞いていると、本当に**魂で生きる時代になってきた**と感じます。

ある不登校の小学生の女の子が、「学校がつまらない」と言ったそうです。「なぜつまらないの？」と聞いた知人に、女の子は次のように答えました。

「だって、いろんなことがおかしいから。運動会は、どうして競争を無理矢理されられるのかわからない。もっと**分かち合ったり、支え合うほうが楽しい**のに。

先生たちの言っていることや、教科書に載っていることも、なんかウソ臭いし古臭い。**先生たちが本当に思っていることを言っているように聞こえない。**理由はわからないけれど、なんとなく変だよ」

僕の知る限り、このように感じている子どもは少なくありません。

学校では、テストやスポーツなどあらゆる場面で勝ち負けを強要され優劣をつけられます。「競争」のすべてを否定するつもりはありません。良きライバルがいて切磋琢磨することでお互いに成長できることもありますし、スポーツは特に純粋にゲームを楽しみながら基礎的な体力をつけるという役割もあるでしょう。

しかし僕は、知識をどれだけ記憶できているかを、テストというかたちで競わせ点数をつけ順位づけることには、あまり意味を見いだせません。競走についてはさまざまな意見があると思いますが、少なくとも現代では前述の女の子が語ったように、分かち合い、支え合いたいと思っていたとしても、周りの環境がそうはさせてくれないと感じている子どもがいるのです。

また、その女の子の話を教えてくれた知人は、「先生の言うことや教科書に疑問を持っているのは、子どもたちの個性を埋没させ、現代の社会に都合の良い人間にするための誤った教育だと、直感的に感じているからではないか」と言っていました。

分かち合いたい。支え合いたい。そのほうが楽しい。

このような感性を持った素晴らしい子どもたちが今、日本にたくさん生まれているのに、その素晴らしい感性を失くしてしまうような教育は、果たしてこれからの日本にとって良いものでしょうか？

ＫＵＲＡＭＡ ＨＯＵＳＥを訪れたことのあるＤさんは、小学生の娘さんを持つお母さんですが、こんなお話をしてくださいました。

娘さんはある日突然、「教室が飼育小屋に思える。学校へ行きたくない」と言いました。

「のびのび自由に学校生活を、と言いながら、実際は自由じゃない。絵を描くときだって、こうやって描いてはダメ、ああやって描いてはダメと言われる。他にもあれはダメ、これはダメ、とダメなことばかり。自由にさせてもらえない」

そう理由を語ったそうです。

Ｄさんは、学校へ行くことも不登校を選ぶこともどちらも選択肢として有りと考え、そのうえで、決断をする前に何度も何度も娘さんと話し合いをしたそうです。一方的に親の意見を言うのでもなく、一方的に子どもの考えを聞くのでもなく、親として本気で娘に向き合って、子どものためを最優先に考え納得いくまで話し合ったといいます。

「私は、『今は不登校も珍しくないし学校に行かない子たちも多いから、まぁうちの子も行かなくてもいいかな？』と流されるのは良くないと思います。『世間がこうだから』というのは〝利己〟。

本気で子どものためを想って一緒に考えるのが〝利他〟。親が本気で子どものことを考えているかどうかは、子どもが一番よく見ています。学校へ行っても行かなくても、本気で子どもと一緒に子どもの未来を考えるために、魂でぶつかり合えるような親子の信頼関係を築けるかどうかが、とても大切だと思います」と、Dさんはおっしゃっていました。

もし学校へ行きたくない子どもが100人いたとしたら、そこには100通りの理由があります。

学校に行かせることが大切でもなければ、不登校がダメなわけでもなく、子どもそれぞれに理由があるからこそ、「この子にとって何が最適なのか?」を世間や他者の意見に流されずに本気で親子で向き合うことが、子どもたちへの〝利他〟。このお話をうかがって、非常に大きな、母の愛を感じました。

第2章でご紹介した通り、僕自身、小学生と大学生の頃は、体調面からあまり学校に行けませんでした。

当時は、みんなと同じ学生生活を送れないことで、将来への不安や焦りのような気持ちが強くありました。しかし、学校に行けなかったことも大きな気づきを得る貴重な経験となったため、今となっては良かったと思っています。

今、不登校や引きこもりなどが原因で、本人も家族も苦しい思いをされている方が大勢いると思います。しかし、未来はいくらでも良くなる可能性がありますし、その苦しい期間すらも、のちに大きな糧となることもあります。

未来を悲観せずに親子でじっくり話し合い、最善の選択をしてもらえたらと思います。

子どもの不登校についてもうひとつ、KURAMA HOUSEで次のような話を何度か聞いたことがあります。

それは、お母さんは子どもたちを理解し受け入れることができても、「お父さん（旦那さん）には、子どもの不登校をなかなか理解してもらえない」ということ。

KURAMA HOUSEに来られるお母さんたちは、子どもたちがなぜ学校に行きたくないのかを目に見えないところでしっかりとキャッチアップされているように感じましたが、もしかしたら世間一般的には両親ともに、理解に苦しんでいるご家庭もあるかもしれませんよね。

確かに僕たち世代は学歴が良ければ良いほど評価されましたし、そこを目指すのが義務のようなものでした。不登校なんて考えられないお母さん、お父さんがいてもおかしくないでしょうし、お気持ちは理解できます。

誤解してほしくないのですが、僕は必ずしも学校教育のすべてを否定するつもりはありません。ただ、この現象をどうとらえるかというお話をしています。

僕たち世代が学生の頃から、まして社会人になっても当たり前に「根性が足りない！」「男なら泣くな！」などと言われながら歯を食いしばって耐える必要があったのは、競争が前提になっていたからです。競争や奪い合いを経験し、挫折や失敗の中から学ぶという方法で魂を成長させてきた世代だとしても、今の子どもたちには、その必要がないように思います。

これからの時代を創っていく若い魂には明らかに合っておらず、これまでの教育、社会の在り方が通用する時代ではなくなったのです。

親は誰しも自分たちの経験から、子どもが困らないように、「ああしろ、こうしろ」と言いがちです。それは間違いなく親の愛です。

しかし、近年地球に生まれてきた魂たちは、先ほどの女の子のように、「**分かち合い、支え合いたい」が前提で、競争に興味もなければ意味を見いだしてもいない**のです。

学校がつまらない、行きたくないと言う子どもたちを前に、「競争社会は変わっていくんだな」ととらえ、「この子たちの望む社会はどんな社会なのか？」と考えられるお母さん、お父さんたちが増えたら、僕は本当に素晴らしい社会がつくれると思うのです。

「どうしてうちの子が不登校なんだ？」と考えるのを一旦止めて、むしろ子どもたちから学ぶくらいの気持ちで、おおらかにその魂を見守れるお母さん、お父さんが増えていくと、子どもたちも安心して育っていくのではないでしょうか。

競争社会のツラさを理解している世代だからこそ、子どもたちのために渡せるバトンがきっとあるはずです。

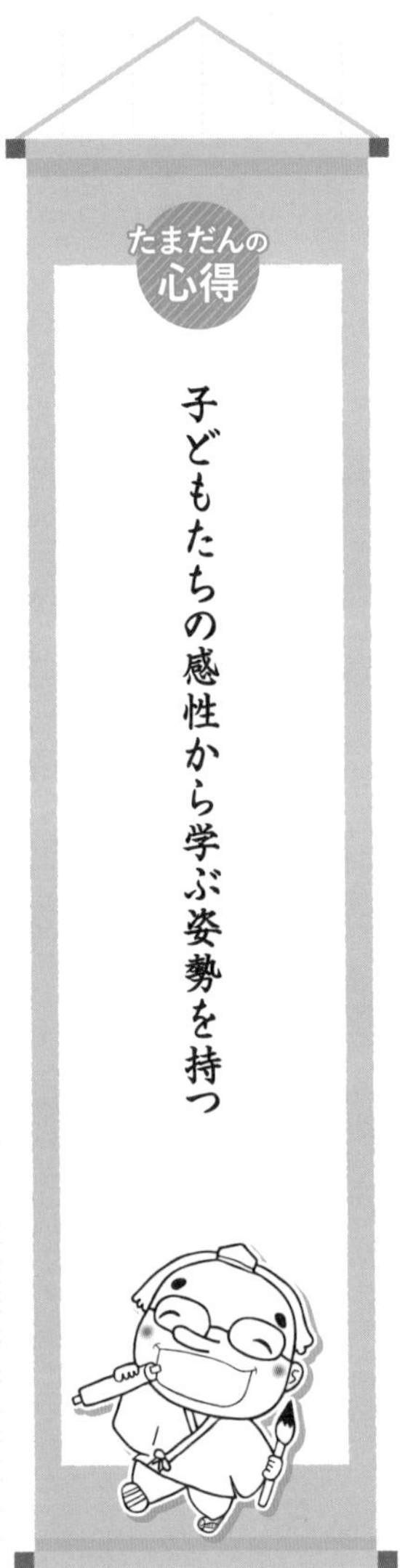

日本のこれから

山納銀之輔さん（以下、銀ちゃん）という、世界中にエコビレッジを作っている友人がいます。彼は過去に森の中で約1年半暮らす体験をされました。自生している野草を採ったり魚を獲って食べるなど、自然の中で暮らしていくうちに、「毎日最高の食材に囲まれて、しかも美味しくて、いつの間にか健康的な生活を手に入れていた」と言います。

また、アフリカなどの発展途上国でエコビレッジを作る中で、日本よりも低所得な国であっても、物質社会特有の強迫観念がないために、幸福度が高い人々が多いことを目の当たりにされました。それにより銀ちゃんは、日本の、特に都会では、「逃れられない無自覚のストレス」にさらされていることに気づいたそうです。

日本の住宅の平均寿命は26年。一方で、アメリカやイギリスの住宅の平均寿命は100年を超えています。

銀ちゃんも言及されていることで、僕も太陽光発電の立ち上げ当初から感じていたことですが、本来、何百年も保つ家が作れるのに、あえて30年と保てない家を、多くの人が一生をかけてローンを組んで買っています。そのために何十年も仕事を頑張り、ローンを払い続けますが、払い終えた頃の家には価値がなくなっている。これも「逃れられない無自覚のストレス」といえます。

家を買うことは間違いである、と言いたいのではありません。

僕はこの事象を例に、現代、あらゆる場面で見受けられる**巧妙な仕掛け**に言及しています。

ローンという多額の借金を背負うことで、「自分が稼げなくなったら生きていけない」「会社を辞めたら生きていけない」などの恐れが生じます。

実はこのような恐れは、現代人が作り出したものであり、恐れによって「お金を稼ぐこと」に特化させてきた、ある意味で洗脳ともいえます。つまり、まんまと僕たちの人生は、何かに支配されているのです。

厄介なことにこの現代人が作り出した恐れは、安心を得ようとすればするほど大きくなります。つまり、お金を稼げば稼ぐほど恐れが生まれ、本当の安心は手に入らないようになっています。

どうしてこんな社会になってしまったのでしょうか?

僕は30年以上前に寝たきりになったことで、日本の政治やマスコミに洗脳されてしまっている社会に疑問を持ちました。きっかけは医療でしたが、おかげで僕は20代という早い段階から、日本の政治に対しては懐疑的な視点を持つようになりました。

健康や環境に関する事業に携わる中で、エネルギーや食、教育などその他多くの分野で、日本という国は何かに支配され動いていることを知ったのです。

すべては国民一人ひとりの知らないところでシナリオ通りに動かされていて、よほどのきっかけがなければそのからくりに気づけないほど、長い歳月をかけて巧妙に実行されてきているのか……。

この手の話は「陰謀論」で片付けてしまう人も多いですが、あまりにも今の日本がおかしい、ということに気づき始めている人が増えてきています。

「今の日本はおかしい、なんとかしたい」という想いを抱えながら、さまざまな分野で活動されている方に出会うと、魂が成熟している人ほど世の中の動きを視座を高くして観察し、日本社会の綻(ほころ)びに気づいているんだなと思います。

「経済」という言葉は、実は略語であることをご存知でしょうか。

本来は「**経国済民**」、もしくは「**経世住民**」ともいい、「国をよく治め、民の苦しみを救うこと」を意味します。

今、社会で使われている「経済」の意味合いとは程遠いと、僕は思います。本来ならばしなくて良かったはずの競争の場を「経済」に置いた結果、あらゆる場面で問題が起こっているからです。

たとえば、令和4年度の日本の自殺者数は2万1881人でした。年間2万人以上が自殺する国が、幸せな国といえるでしょうか？　年間2万人以上が自殺する国の在り方や仕組みが、国民を幸せにしていると誰がいえるでしょうか？

これは、死への恐怖よりも、生きることへの苦しさが勝ってしまった結果なのだと想像しています。この問題は非常に繊細で根深く、その選択をされた方を一方的に責めることは誰にもできません。無責任なことはいえませんが、それでもやはり、その苦しみから抜けたときに多くの人のお役に立てる希望があるはずと僕は信じたい。だからその道を選択しないでほしい、と僕は思います。


僕には多くの師匠がいます。中にはこれから起きる出来事を次々と言い当てられている方もいます。日本国内外で起こっていることと、師匠たちからの情報を照らし合わせると、これからの世界の動向を読み解ける部分があります。その結果、残念ながら日本は国民に知らされていないところで腐敗が進んでいて、正直、もう手遅れだという憤りを憶え、戦後の日本を牽引してきた日本政府に対しては諦観(ていかん)を示し得ません。

しかし僕は、諦めてはいません。軽々しく「日本は終わった」とは言いません。

「日本は生まれ変わる」のです。

僕は、日本人が本来の日本人らしさを思い出せば、つまり**精神性の高さを取り戻せば**、日本は素晴らしい国に生まれ変わると信じています。

しかし、信じるだけではいけません。気づいた人から具体的な行動を起こさなければ、これから日本を立て直すことはできません。

そのために何をすればいいのでしょうか?

それは、**国家に頼らないコミュニティをつくっていくこと**です。

自分が信頼して話し合えるコミュニティの最小単位は5人が目安です。そこから1000人までを単位とする村を、全国各地、無数につくっていくのです。

コミュニティとは人と人が寄り集まってつくられますから、大なり小なり、衝突することもあります。これまで述べてきたように、相手を変えようとせず、皆が「利他の精神」「四方良し」を意識しながら、与えようとする心を持ってコミュニティづくりをしていくことが肝要です。

多くの師匠たち、そして多くのメッセンジャーの方々のお話を総合すると、正直、タイムリミットはもう目前に迫っています。だから今すぐにでも、気づいた人から参加してもらいたいのです。ここまで読んでくださった、特に男性のあなたに参加していただきたいのです。あなたには大切なお役目があります。

生まれてきて最も大切なお役目とは、**幸せになること**です。

銀ちゃんが教えてくれたのですが、世界には「頑張る」という言葉がない国がたくさんあるそうです。

「頑張る」とは、良いことでも悪いことでもありません。頑張ったほうが良いときだってあるし、頑張らなくても良いことだってあります。ただ現代のライフスタイルの中では、「仕事をしてお金を稼がないと生きていけない」「だから止まるわけにはいかない」という強迫観念から、何かを追いかけ頑張り続けている人がほとんどだと思います。

今、頑張って追いかけているものの先にあなたの幸せがあるのかを、今一度見つめる時を迎えています。もう充分、現代社会の幻想の中で頑張って生きてきたのですから、そろそろあなたご自身の幸せを選んでいいのです。

人は一人では生きていけません。みんなで笑い合い、助け合い、悩みがあっても支え合うことで、追い詰められるほどツラいことなどなくなっていきます。

お母さん一人で子育てをするのではなく、みんなで子育てもして、自分が好きなことでみんなの役に立てる社会。

それこそが幸せな社会ではないでしょうか。

これまでの都市集中型ではなく、日本中に無数のコミュニティ（村）ができ、そこではみんなが笑い合い、助け合い、学び合う。老若男女問わず集い、和の心で天と生きる。

僕はそのモデルをつくっていきたいのです。これは夢物語、机上の空論ではありません。昔々の日本は、それが当たり前にできた国だったのですから。

僕は約10年間、自然エネルギーや健康関連事業をされている経営者の皆さまに、営業コンサルなどを行なってきました。しかし、その従来のコンサルは、もうこの時代の転換期を最後に終えていく必要があると感じ、僕自身の事業の仕組みもアップデートさせています。これまで積み上げてきた実績、お金に対する概念を手放し、傍目にはコンサルという同じ仕事に見えても、その中身は幸せなコミュニティづくりに繋がる形態に移行しました。

これは僕の**魂のミッションであり、サナトクマラとの約束**なのです。

特に男性の皆さんは、家族のために、会社のために、これまでの社会で本当に頑張って生きてこられました。

慣れ親しんだこれまでの概念をアップデートするには少し時間がかかるかもしれませんが、「得るは捨つるにあり」で、手放せば新しい世界が必ずやって来ます。

さあ、生き生きと楽しめる少年の心を取り戻す時が来ました。

これから一緒に日本の未来を、ワクワクしながらつくっていきませんか？

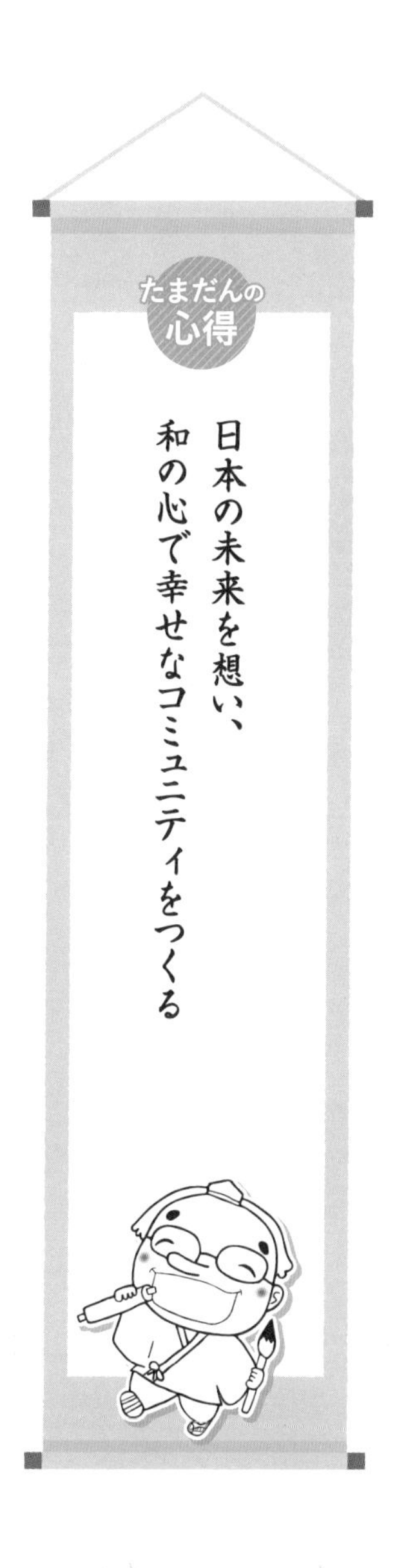
たまだんの
心得
日本の未来を想い、
和の心で幸せなコミュニティをつくる

おわりに

最後までお読みいただき、ありがとうございます。

「はじめに」にありますように、僕はよく人から「何をしている人なのかわからない」と言われてきました。自分なりに一貫して目指してきたものはあったのですが、人からは謎に見えていたのでしょう。

この本を読まれて、ご理解してくださる方もいると思いますが、意味不明でしっくりこない方もいるはずです。

でも、それでいいのだと思います。

人それぞれがこの世に生まれてきた理由や役割が違うので、「その違いを認め合える社会になれば」ということが、本書で伝えたいことでしたから。

おわりに

鞍馬とご縁をいただき、日々起きる出来事を見ていると、自分なりに考えてきたこと、活動してきたことがパズルのピースのようにハマって意味をなしていき、人はなぜ生まれてきたのかという悩みから解放されていく感覚がありました。

ある日、ニューワールド作家プロデューサーの山本時嗣（ときおみ）さんと、京都の温泉に浸かりながらそんな話をしていたら、さまざまなアドバイスとともにこの本の企画が誕生しました。

あまり言葉で想いを発信してこなかった自分が、本として表現できたらなんて幸せなのだろうと、ワクワクしたのを覚えています。

その日から2カ月後に、稲盛さんが天に還られたと、元上司から連絡を受けました。起業してから数年経った２０１８年にお会いさせていただく機会に恵まれた時、「あなたの素晴らしい活動を応援しています」という嬉しいお言葉をかけてくださいました。天から見守ってくださっている稲盛さんにも喜んでもらえるような本にしたいと思いました。

この本の執筆活動が終盤に差し掛かった頃、世間はＷＢＣ（ワールド・ベースボール・クラシック）で盛り上がっていました。毎試合テレビで観戦していたのですが、今回の侍ジャパンは実力のみならず、素晴らしいチームワークが光り輝いていました。

栗山監督は結果が出ていないメンバーも最後まで信じきるという姿勢で、最も力を発揮できる采配に徹し、強いリーダーシップで統率しておられました。そこに僕は、従来のリーダー像とは少し違うあたたかさを感じていました。

そして、日頃は敵同士のメンバーが集まり、仲間を信じて助け合うというチームワークの素晴らしさは、まさにさまざまな人が集うコミュニティ（村）づくりで最も大切だと感じていることとリンクしていました。

新たな日本の国づくりを垣間見ているような気持ちになり、描いてきた理想の世界を再確認できたのです。

一人として同じ人生を歩んでいない人と人とが、「幸せに生きる」という目標に向かって力を合わせたら、そこは素晴らしい世界にならないわけがありません。これからもあきらめずに、みんなで理想を追いかけていきたいと思っています。

おわりに

＊　＊　＊

この本を手に取ってくださった読者の皆さま、素晴らしい機会を作ってくださったVOICEの大森社長とスタッフの皆さん、いつもサポートしてくれる時ちゃん、ライターの華那ちゃん、編集の美希さん、イラストレーターのスケッチ ユリカさん、デザイナーの堀江さんをはじめ、皆さまに心より感謝を申し上げます。

山本サトシ

【引用文献】

『鞍馬山の教えとこころ』 信樂香仁 著／鞍馬寺出版部
『鞍馬山小史』 鞍馬寺教務部
『宇宙のパワーと自由にアクセスする方法』ディーパック・チョプラ 著／フォレスト出版
『イナリコード』久世東伯 著／今日の話題社
『土公みことのり』久世東伯 著
『すべては今のためにあったこと』中山康雄 著／ヴォイス
『運をつかむ』永守重信 著／幻冬舎

【参考文献】

『京セラフィロソフィー』稲盛和夫 著／サンマーク出版
『変な人が書いた成功法則』 斎藤一人 著／総合法令
『あたらしい世界』優花 著／ヴォイス
www.sankaibi.com

著者プロフィール

山本 サトシ（やまもと さとし）

SHINSEIOH株式会社 代表取締役
UNI H&H大学院　理事
リトリート村プロデューサー

幼少期より重度のアレルギー、過敏症で小学校高学年の頃は半分程度しか登校できない日々を過ごす。大学生の時にそれまでに過剰摂取した薬の副作用で、約3年間の寝たきり状態を経験。自身の経験からさまざまな気づきがあり、魂が喜ぶ生き方をしていくことを決意する。完全復活後は京セラ・KDDIで稲盛和夫氏、銀座まるかんで斎藤一人氏から多くのことを教わる。

その後、企業コンサルタントとして独立起業。法人営業を含めて今までに関わった企業は1万5000社を超える。

全国各地を転々としていたが、約20年ぶりに地元・京都に帰省、鞍馬を拠点にする。

現在は京都を中心に全国での村づくり、環境や健康事業のコンサルタント、見えない世界を科学するUNI H&H大学院の活動を行う。

Publishing Agent　山本　時嗣（株式会社ダーナ）
https://tokichan.com/produce/

魂の時代、新しい世界を創造する生き方

サナトクマラとの約束

2023年10月10日　第1版第1刷発行
2024年 2 月10日　第1版第2刷発行

著　　者　山本サトシ

編　　集　澤田美希
編集協力　言葉の海 hana
イラスト　sketch yurika
デザイン　堀江侑司

発 行 者　大森浩司
発 行 所　株式会社ヴォイス　出版事業部
〒106-0031
東京都港区西麻布3-24-11 広瀬ビル
☎ 03-5474-5777（代表）
03-5411-1939
www.voice-inc.co.jp

印刷・製本　映文社印刷株式会社

ISBN978-4-89976-552-3 C0011